現代保育内容研究シリーズ

現代保育論

現代保育問題研究会[編]

まえがき

　現代は、保育の「質」が問われる時代である。私たちを取り巻く環境は大きく変化しつつある。少子化、核家族化はもちろんのこと、都市化、情報化、国際化の波が私たちに押し寄せている。これらの変化は、乳幼児にとっては、多大な影響を与えている。

　少子化と核家族化は、家族、きょうだいの数が少なくなり、子どもたちの希薄な人間関係を生み出す一因となっている。また家庭の父母たちの近隣に、子育て経験者がおらず、そのために子育て不安を生み出す温床となっている。そして都市化は、遊び場の不足、交通事故等の不慮の事故など、子どもたちにとって、様々な深刻な事態を引き起こしている。さらには情報化社会の進行により、身近にデジタル機器があふれかえり、子どもたちの生活の仕方は、以前とは、根本的に異なったものとなっている。わが国にあっては、在留外国人の比率が増加し、子どもたちにとって異文化と接する機会が身近なものになっている。さらに諸外国の男女のあり方が身近に感じられることにより、わが国においても性に関する考え方を捉えなおす必要に迫られている。加えて、諸外国に比して、幼小接続に関する大きな課題が残っていることが指摘されている。

　現代は、こうした変化に直面して、これらが単に保育に関係していることを知識として知っているだけでは済まされない時代である。つまりは、これらの変化に正面から真剣に対峙することなしには、もはや保育を語ることができず、また実践することもできないといった状態にまで、立ち至っているのである。

　もちろんだからと言って保育者は、保育の不変の本質、本道から目をそらすことがあってはならない。人間性を育むことを目指し、わが国固

有の文化を基盤としながら保育を実践することは、いつの時代にも必須の要件なのである。
　とどのつまり保育者は、自ら切磋琢磨しながら、社会の変化に対応し、かつまた保育の道をまっすぐ進むよう、自身を高めていかなければならないという、高度な課題、そしてまた崇高な使命を負っている。簡単に言えば、保育者として、子ども好きの優しい人柄で子どもと触れ合い過ごしていれば、それで済んだ時代は、とうに過去のものとなってしまった、ということである。
　このように、現代の保育者は、これまでの時代にはなかったような、柔軟な思考、確固たる信念、そして高度な実践力が求められている。そしてそうした保育者であってこそ、質の高い保育を維持することができるようになるのである。
　この意味では、現代の保育者はいかにあるべきか、そのあり方を絶えず模索し、真剣に追い求めることこそ、保育関係者全般が持つべき姿勢である。現代保育研究会は、この問題意識にたって、現代にふさわしい保育者のあり方を広く模索している。そして今回いよいよ私たちは、これまでの研究成果を広く公開し、世に問うことにした。
　本書では、現代保育の諸問題、子育て支援センターの相談活動、保育者の相談援助、保育者の使命と専門性、人間性を育む保育、高い保育の質を確保する保育教材、わが国が誇るわらべうた、幼小接続の課題、諸外国の子育て支援の現状、イスラム圏の子育て、性教育の課題等をテーマとして取り上げている。
　これらの論考はいずれも、保育者になろうとする者にも、現在まさに

乳幼児と関わっている保育者にとっても、さらには、子育てに悩む家庭の人々にとっても、保育の質を考えていくための良き題材を提供するであろう。

　本書は、保育者養成校においては、各講義・演習科目のメインのテキストとして、あるいはまたサブテキストとしても使用することを想定している。

　本書が保育に携わり、保育に深く関心を持つ人々のための一助となれば、本研究会としても、これ以上の幸せはない。もちろん私たちとしても、本書のさらなるブラッシュアップを想定している。読者の皆様からの幅広いご意見を頂ければと考えている。

　最後に本研究会として、本書の企画をサポートし、後押しし、率先して刊行にまで導いて下さった一藝社の菊池社長、常務取締役の小野さんに心から感謝の意を表すこととしたい。

　2018年2月

　　　　　　　　　　　　　　　編者　現代保育問題研究会

現代保育論●もくじ

まえがき……3

第1章　子育て支援センターにおける相談活動……9

　　第1節　子育て支援センターとは
　　第2節　相談活動の実際
　　第3節　保育者が行う子育て相談
　　第4節　これからの子育て支援

第2章　保育者の専門性……18

　　第1節　保育者の専門性とはなにか？
　　第2節　専門性の向上

第3章　保育者論……28

　　第1節　保育士の役割と倫理
　　第2節　保育士の制度的位置づけ
　　第3節　保育士の専門性
　　第4節　保育士の協働
　　第5節　保育者の専門職的成長と発達

第4章　保育者と人間性……40

　　第1節　生活と人間性
　　第2節　生活活動と保育者の働きかけ
　　第3節　言葉と人間性の育成

第5章 わらべうたと保育……*49*

第1節　わらべうたの歴史とその特徴
第2節　「わらべうた」の今
第3節　発達を支えるわらべうた
第4節　保育所の「わらべうた」

第6章 実践の場で活用できる保育教材研究……*61*

第1節　幼児教育における教材研究の重要性
第2節　幼児教育における教材のもつ意味
第3節　実践事例「影あてゲーム」（5歳児）
　　　　―山梨学院大学附属幼稚園における実践例―

第7章 幼小接続におけるカリキュラム研究……*71*
　　　 ―「道徳性」の育成―

第1節　継続的な課題としての幼小接続・連携教育
第2節　幼小接続における道徳性の育成
第3節　幼小接続のカリキュラム編成

第8章 諸外国における子育て支援……*80*

第1節　諸外国の合計特殊出生率の推移
第2節　日本における子育て支援
第3節　諸外国の子育て支援

第9章 世界の子育て―イラン・イスラーム共和国を事例として―……*91*

第1節 世界の子育てを知る
第2節 イランの子育て
第3節 世代別子育て観
第4節 インタヴューから見えてくる子育ての実態

第10章 現代保育の諸問題……*101*

第1節 遊びの貧困化と保育
第2節 発達課題と保育
第3節 保育者の専門性と保育者養成

第11章 性教育問題……*109*

第1節 性教育とは
第2節 性教育の現状

第12章 相談援助……*117*

第1節 援助者の姿勢
第2節 バイステック7原則・面接の展開(過程)
第3節 まとめ

執筆者紹介……*128*

第1章　子育て支援センターにおける相談活動

第1節　子育て支援センターとは

1　子育て支援センターで出会う親子の姿

(1) エピソード——こんなはずじゃなかった

「ハヤトを産んでから始めてカフェに来たのに、いきなり泣き出すなんて…」と母親のアコは思わず声をもらした。店内のテーブルには煎れたてのコーヒーとケーキを置き去りにしている。生後2か月のハヤトは泣き止む気配を見せない。「あ～最悪‼」と言わずにはいられない。仕方なく抱っこ紐の中にいるハヤトを店外に連れ出し左右にスイングさせ、時が過ぎるのをじっと耐える。昨夜は1～2時間おきの授乳…父親は隣の部屋で大爆睡をしている。「助けてほしい…」。やっと授かった息子なのに機嫌が悪くて育てにくい。父親の帰宅は毎晩11時過ぎだし、休日出勤も多い。美容室にも行きたいけど、誰がこの子の面倒を見てくれる？　誰もいないし昨夜は前髪だけを自分で切りそろえた。近くに親族もいない、引っ越してきたばかりで友だちもいない。出産前まで続けていた仕事も転居してやめてしまった。きっと続けていたら2～3年後には昇進できたはず…。「この子のおかげで私は、お母さんになれたけど、失うものが多すぎる…私の時間を返してほしい」。

(2) 解説——子どもは一人では育てられない

最近では晩婚化が進み、第1子を出産する母親の年齢も年々高くなってきている。なかには不妊治療を受け、待望の赤ちゃんとして子育てに

励むカップルもある。しかしアコさんのように周りの協力なしで子育てに奮闘するケースも多い。母親の中には「こんなはずじゃなかった」とたった一人で苦しみ悩むこともある。産後のホルモンバランスの変化や心身に与えるストレスは、マタニティブルーや産後うつ病などにも繋がり、身動きができない子育ての困難と直面する可能性も高くなる。

そこで支援者（保育士や地域の保健医療福祉の専門職）は、いかに親子を支え、日々の子育てに対する悩みに耳を傾け、どう手当てするのかが問われることになる。

2　地域子育て支援拠点事業とは

地域子育て支援拠点事業は、地域の子育て中の親子の交流促進や育児相談等を行い、子育ての孤立感や負担感の解消を図り、全ての子育て家庭を地域で支える取り組みとしてその拡充を図ってきた。子育て中の親子が気軽に集い、相互交流や子育ての不安・悩みを相談できる場を提供することが求められている。現在展開されている地域子育て支援拠点事業は、2008年に児童福祉法に位置づけられ一般型と連携型に分けられている。一般型は、常設の地域の子育て拠点（保育所・公共施設や地域の空きスペース）を設け、地域の子育て支援機能の充実を図る取り組みを実施している。連携型においては児童福祉施設等、多様な子育て支援に関する施設に親子が集う場を設けている。支援する者は子育てに関して意欲があり、知識・経験を有する者（保育士等）が配置されている。

基本事業は、①子育て親子の交流の場の提供と交流の促進、②子育て等に関する相談・援助の実施、③地域の子育て関連情報の提供、④子育て及び子育て支援に関する講習等の実施、となっている。地域子育て支援拠点には、「地域機能強化型」を創設して、地域の子育て家庭に対して、子育て支援の情報の集約・提供等を行う「利用者支援機能」、親子の育ちを支援する世代間交流やボランティア等との支援・協力等を行う「地域支援機能」が強化された。そこでは各地域の環境を生かした子育

て支援や交流の場の提供、相談体制の整備、父親支援、出張講座（子育て講座・子育て相談）、広報活動、スタッフミーティング、事例検討等を行うことが期待される。

第2節　相談活動の実際

1　子育て相談・発達相談の実際

　筆者は以前、地域の子育て支援センターの保健師・臨床心理士として、親子の来所を歓迎する立場であった。日々の子育てに関する相談や発達相談など、相談内容は多岐にわたり、日常的なアドバイスで解決するものもあれば、相談室での継続的な面接や他の専門機関への紹介や連携が必要となってくるケースなど様々であった。いずれにしても、わが子を思う愛情があればこその来所であり相談であるため、いつも「ようこそ」という気持ちが溢れるようなやり取りであったと思う。

　それぞれの家庭の環境は個別性が高く、子どもたちの月齢や発育・発達状況や親自身が生まれ育った環境も、経済状況も全く違うものと考えられる。そんな個性豊かな親子の集まりや地域のネットワークの構築を可能にするのが、子育て支援センターである。センターでは父親や祖父母の来所を歓待し、保育士や保健師（看護職）、栄養士やケースワーカー、心理職などのスタッフと協働しながら場を整え、さまざまな親子同士のふれあいが可能となるよう努め、栄養や健康、発育や発達、睡眠やしつけ等、多くの相談内容に応じている。

　次頁に示した**図表1**は筆者が応じてきた相談内容の概略である。

図表1 子育て相談の内容

栄養食事	母乳	母乳が足らない　乳腺炎の痛み 仕事復帰後の母乳育児　断乳の時期・方法
	離乳食	離乳食をはじめる時期・内容・回数　離乳食を食べない つかみ食べについて
	好き嫌い	ムラ食いが多い　偏食　遊び食べをしてしまう
排泄	おむつ	おむつかぶれ　紙おむつと布おむつの使い分け
	トイレットトレーニング	おまるの使用方法　トイレでの排泄の仕方 排尿・排泄のタイミング　出ていても知らせない トイレが自立する時期について
	夜尿 おもらし	夜間のおむつ　排尿・排便の失敗　夜尿症の治し方
発育発達	体重　身長	発育が遅い　やせすぎ　太りすぎ　身長が伸びない 頭囲が大きい
	発達の遅れ	首すわり・寝返り・這い這い・一人歩き等の運動発達の遅れ
	言葉	言葉をしゃべらない　指さしをしない 言葉の理解が乏しい
	しつけ	生活習慣のしつけ方について　叱り方について
睡眠	生活リズム	不規則な生活リズム　夜泣きが続く 父親の帰りが遅い
	睡眠時間	起床時間・就寝時間の目安　眠りが浅い 昼寝について
健康	よくある症状	かかりつけ医の見つけ方　発熱や発疹など 受診のタイミング　服薬について
	アレルギー	離乳食の進め方　受診の必要性　スキンケア方法 アナフィラキシーショック
	感染症	流行りの病気の見分け方　発疹・発熱時のケア 感染予防の方法
	予防接種	いつ、どんな注射をうけるのか　予防接種前後の注意点
	低出生体重児 未熟児	小さく生まれたことによる留意点　子育て上の工夫 相談機関　定期健診について
	障がい	育てにくさに対する留意点　専門機関について 生活上の工夫　ピアサポート
子育て不安	子育て経験不足	子育てに対するアドバイス・相談 地域の子育てのネットワークについて
	望まない 妊娠出産	子どもをかわいいと思えないという気持ちへの寄り添い・ 見守り・サポート
	子ども虐待	個別な配慮を要する親子の支援（多機関・多職種と連携しながらの見守り・支援を実施）　虐待通告
人間関係	親子・きょうだい 祖父母関係	家族の協力が得られないときの制度利用について 原家族における心理的葛藤について

	友だち・近隣との関係	友だちができない　子どもの声が迷惑 子育て情報の提供　親子の居場所について
事故防止 災害	窒息・ケガ・転落等の事故	いざという時の応急処置 家庭内外での危険箇所について
	災害時の対応 地震・風水害等	避難場所の確認　緊急時の備え
生活	経済的負担	父親の失業　共働きがしたいが両立が難しい 相談機関の紹介
	保育園・幼稚園 小学校	保育園に入園したいが待機している　障がいがあるが地域の小学校へ行かせたい　どこの園がいいのか知りたい

［出典：筆者作成］

2　子育て支援センターでの様子

　相談内容については、保育の専門職が親子の様子を直接観察しながら、共に答えを導き出す作業をくり返し、親自身の自己決定を根気強く見守り励ましている場面が多い。時には母親同士のつながりで、ちょっと先を行く先輩ママが経験談を交えて的確なアドバイスをしてくださることもある。支援者としては、昔ながらの井戸端会議的な親同士の繋がりがもてるよう、ファシリテーター（話し合いがより促進するよう間に入る者）として、コーディネーター（人と人、家庭と制度等がつながるよう連携する者）として機能する役割を果たしている。

第3節　保育者が行う子育て相談

1　保育相談支援とは

　保育相談支援には、「発達を援助する技術」「生活援助の技術」「保育の環境を構成していく技術」「様々な遊びを豊かに展開していくための技術」「関係構築の技術」がある。子育て支援の現場では以下のケース

ワークの基礎的な原則が重要と考えられる。ここに「バイスティックの7原則」をアレンジして紹介したいと思う。

①親子を一つのユニットとして捉える（個別化）
②親子の感情表現を大切にする（意図的な感情の表出を可能にする）
③支援者は自分の感情を自覚して吟味する（統制された情緒的関与）
④受けとめる（受容）
⑤親子を一方的に非難しない（非審判的態度）
⑥親子の自己決定を促して尊重する（親子の自己決定）
⑦秘密を保持して信頼感を醸成する（秘密保持）

　以上のように母親のやり場のない気持ちや悩みに傾聴し、共感しながら時間を過ごすことができる感性と、誰に対しても偏見なく柔軟に対応できるしなやかさが現場では重要ではないかと考えられる。また、子どもたちの成長ぶりや無邪気さに感動できる支援者、お母さんやお父さんの生き方に敬意を表することができる素直さ、一人の生活者として実感できる想像力と経験など、あらゆる角度から物事を見つめることができる保育のあり方が問われている場所が子育て支援センターである。

2　保育者としての役割

　子育て支援センターの職員の役割は、「温かく迎え入れる」「身近な相談相手になる」「利用者同士をつなぐ」「利用者と地域をつなぐ」「支援者が積極的に地域に出向く」とされている。
　子育て支援センターにおける保育者には、どのような親子でも温かく迎えいれる優しさと同時に、豊かな保育の知識と実践力が要求される。むしろ育児書やネットの情報では見つかりにくい悩みに対して真剣に相談に応じながら、親子のストレスや葛藤が緩和するように受容していく。
　子育て期は、親自身が抱える未解決な心理的葛藤を再燃させやすい特

色がある。元々抱える親自身の心の傷は、さらに子育てを困難にさせ、子どもと過ごす時間や空間が、この上ない苦しみの場となることもある。保育者としては、カウンセリングや精神療法を現場で実践することは、大変難しい。解決困難なケースと出会った場合は、地域の保健師を通じて精神科医や心理の専門家と連携を行い、他機関でのケアや治療を受けることを勧めてほしい。なかには虐待ケースへと移行する可能性がある親子を発見することもある。そのような時は、保育者として通告義務がある立場であることを認識して、家庭児童相談室や児童相談所といった機関に連絡し、親子の情報を伝えることが必要である。

第4節　これからの子育て支援

1　子育て世代包括支援センターとは

2017年4月からは、子育て世代包括支援センターの設置が法制化し、新たな母子保健領域での動きがある。また子育て支援員の養成など、国家資格を保有している保育士以外の支援者の養成が国の施策として進められている。日本は現在、核家族化や待機児童の問題、経済的支援を含めた子育て世代への社会的バックアップの不足から、「子育てしにくい国」と言われている。しかし「これから子どもを産み育てたい」という人に対して子育て支援センターは、歩いて親子が集える場、アドバイスを受けることができる場（ネウボラ）、子どもの発達を促進できる場の提供として地域に根付くことが望まれている。以下、厚生労働省が示している子育て世代包括支援センターの構成図を一部改変した「**図表2　子育て世代包括支援センターの構成**」を参照していただきたい。

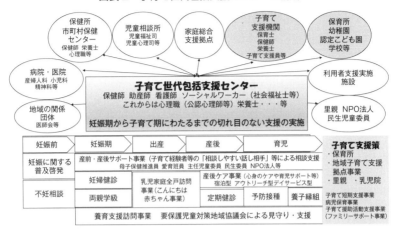

図表2　子育て世代包括支援センターの構成

［出典：厚生労働省「子育て世代包括支援センター業務ガイドライン」を筆者が一部改変し加筆］

2　ワンストップ窓口をめざして

　子育て世代包括支援センターは、「まち・ひと・しごと創生基本方針2015」において妊娠期から子育て期にわたるニーズに対応するワンストップ拠点の整備を図ることを目的として設置が進められ、母子保健法の改正により、2017年4月からセンター（法律による名称は「母子健康包括支援センター」）を市区町村に設置することが努力義務とされ、2020年度末までに全国展開を目指すこととなった。センターの理念は、「包括的な支援」を通じて、妊産婦及び乳幼児並びその保護者の生活の質の改善・向上や、胎児・乳幼児にとって良好な生育環境の実現・維持を図ることとなっている。子育て世代包括支援センターの位置付けは、妊娠初期から子育て期にわたり、妊娠の届出等の機会に得た情報を基に、①妊産婦・乳幼児等の実情を把握すること、②妊娠・出産・子育てに関する各種の相談に応じ、必要な情報提供・助言・保健指導を行うこと、③支援プランを策定すること、④保健医療又は福祉の関係機関との連絡

調整を行うこと、としている。つまりセンターは、「行けばなんらかの支援につながる」情報が得られるワンストップ拠点として地域に定着するよう、全ての来訪者を温かく迎えることが重要であると考えられ、特に3歳までの子育て期について、重点を置いた支援の実施が期待されている。

　子どもの誕生や日々の子育ては、親の自由な時間や生き方を拘束してしまう一面があるかも知れない。しかし、子どもの成長に励まされ親自身の人生に彩りを与え、生きる意味を実感させるものではないだろうか。今後も子育て支援センターが多世代の住民を巻き込み、コミュニティを繋ぐ拠点となり、これから生まれ来る生命（子どもたち）のために応援団が一人でも多く増えることを願う。

【引用・参考文献】

医学書院「保健師ジャーナル 特集　母子の包括的支援　子育て世代包括支援センターの全国展開を前に」Vol.73 No.4、2017年

厚生労働省「子育て世代包括支援センター業務ガイドライン」
〈http://www.mhlw.go.jp/file/06-Seisakujouhou-11900000-Koyoukintoujidoukateikyoku/kosodatesedaigaidorain.pdf〉
（2017．11.4最終アクセス）

須永進編著『事例で学ぶ 保育のための相談援助・支援〜その方法と実際』同文書院、2013年

F. P. バイステック、尾崎新・福田俊子・原田和幸訳『ケースワークの原則—援助関係を形成する技法』誠信書房、2006年

橋本真紀・山縣文治編『よくわかる家庭支援論　第2版』ミネルヴァ書房、2015年

（前川智恵子）

第2章 保育者の専門性

　「幼稚園教育要領」、「保育所保育指針」、「幼保連携型認定こども園教育・保育要領」が改定（訂）された。2018年度より新指針、新要領のもと、保育が展開される。このような保育新時代において求められる保育者の専門性とはどのようなものであろうか。この章では、今の時代に求められる保育者の専門性について考えてみたい。さらにその専門性を高めていくためにはどうすればよいか、ということにもふれたいと思う。

第1節　保育者の専門性とはなにか？

1　保育者とは？

　「保育者の専門性」について考える際には、「保育者とはどのような人を指すのか」ということについて押さえておかねばならない。「保育者」という語句から想像するに、「保育」＋「者」、すなわち「保育に携わる者」ということになろうか。「保育に携わる者」と聞くと、幼稚園で働く「幼稚園教諭」、保育所や児童養護施設等で働く「保育士」、幼保連携型認定こども園で働く「保育教諭」などが思い浮かぶ。まず、それぞれの法的な定義をおさえておこう（**表1**）。

　幼稚園教諭は「幼児の保育をつかさどる」者、保育士は「児童の保育及び児童の保護者に対する保育に関する指導を行うことを業とする者」、保育教諭は「園児の教育及び保育をつかさどる」者、であることがわか

表1　幼稚園教諭、保育士、保育教諭の法的規定

名称	法律名及び条文
教員	教育基本法第9条 　法律に定める学校の教員は、自己の崇高な使命を深く自覚し、絶えず研究と修養に励み、その職責の遂行に努めなければならない。 2　前項の教員については、その使命と職責の重要性にかんがみ、その身分は尊重され、待遇の適性が期せられるとともに、養成と研修の充実が図られなければならない。 教育職員免許法第2条 　この法律において「教育職員」とは、学校並びに就学前の子どもに関する教育、保育等の総合的な提供の推進に関する法律の主幹教諭、指導教諭、教諭、助教諭、養護教諭、養護助教諭、栄養教諭、主幹保育教諭、指導保育教諭、保育教諭、助保育教諭及び講師をいう。 第3条 　教育職員は、この法律により授与する各相当の免許状を有する者でなければならない。
教諭	学校教育法第27条 　幼稚園には、園長、教頭及び教諭を置かなければならない。 　9　教諭は、幼児の保育をつかさどる。
保育士	児童福祉法第18条の4 　この法律で、保育士とは、第18条の18第1項の登録を受け、保育士の名称を用いて、専門的知識及び技術をもって、児童の保育及び児童の保護者に対する保育に関する指導を行うことを業とする者をいう。
保育教諭	就学前の子どもに関する教育、保育等の総合的な提供の推進に関する法律第14条 　幼保連携型認定こども園には、園長及び保育教諭を置かなければならない。 　10　保育教諭は、園児の教育及び保育をつかさどる。 第15条 　主幹保育教諭、指導保育教諭、保育教諭及び講師は、幼稚園の教諭の普通免許状を有し、かつ、児童福祉法第18条の18第1項の登録を受けた者でなければならない。

（筆者作成・2017年12月現在）

る。したがって「保育者」とは、免許・資格を有して保育を業、すなわち仕事とする者であるといえるだろう。

　では、「保育という仕事は専門職である」ということについてはどうだろうか。「専門職」とはどのような職業のことを指すのであろうか。

　「専門職」であるための条件について明確に規定されているわけではないが、その職について学校等で専門的に学び（養成課程）、その職に就くために免許・資格を必要としていることは「専門職」と呼ばれる職業における条件の一つであると思われる。であれば、幼稚園教諭、保育

士、保育教諭等は「専門職」であるといってよいだろう。

秋田（2013）は、「保育者」について以下のように述べている。

> 保育士、幼稚園教諭、保育教諭などいずれの名称においても、また保育所、幼稚園、認定こども園、多様な児童福祉施設等のいずれの施設にあっても、子どもたちの養護と教育の一体的な展開を担う「保育」を行う専門家にとって、「保育者」という呼称が、その公的使命を担う専門性や見識、ミッションを示す名称であることに変わりはありません。

つまり、幼稚園、保育所、認定こども園等どこで働こうとも、保育者とは「保育を行う専門家」であり、専門性や見識、遂行すべきミッションを有する者なのである。

2　保育者の専門性

では、保育者に求められる専門性とはどのようなことであろうか。まず2017年告示の「幼稚園教育要領」、「保育所保育指針」、「幼保連携型認定こども園教育・保育要領」についてみていこう。

(1) 幼稚園教諭に求められる専門性

2017年告示の「幼稚園教育要領」の「第1章　総則第1幼稚園教育の基本」には以下のように記載されている。

> 教師は、幼児の主体的な活動が確保されるよう幼児一人一人の行動の理解と予想に基づき、計画的に環境を構成しなければならない。この場合において、教師は、幼児と人やものとの関わりが重要であることを踏まえ、教材を工夫し、物的・空間的環境を構成しなければならない。また、幼児一人一人の活動の場面に応じて、様々な役割を果たし、その活動を豊かにしなければならない。

この「様々な役割」について「第1章第4の3指導計画の作成上の留意事項（7）」には「理解者」、「協同作業者など」と記されているが、「中央説明会資料（幼稚園関係資料）」（2017）には教師の多様な役割を「幼児が行っている活動の理解者」、「幼児との共同作業者、幼児と共鳴する者」、「憧れを形成するモデルとしての役割や遊びの援助者」と、より具体的に示している。さらにこのような役割を果たすために必要なことは「幼稚園教育の専門性を磨くこと」とし、専門性を「幼稚園教育の内容を理解し、これらの役割を教師自らが責任をもって日々主体的に果たすことである」としている。
　そのために「幼児が帰った後に1日の生活や行動を振り返る」ことを日々繰り返すことで専門性を高めることができるとしている。

(2) 保育士に求められる専門性

　2017年告示の「保育所保育指針」には、「第1章総則1保育所保育に関する基本原則（1）保育所の役割エ」に以下のように記載されている。

　保育所における保育士は、児童福祉法第18条の4の規定を踏まえ、保育所の役割及び機能が適切に発揮されるように、倫理観に裏付けられた専門的知識、技術及び判断をもって、子どもを保育するとともに、子どもの保護者に対する保育に関する指導を行うものであり、その職責を遂行するための専門性の向上に絶えず努めなければならない。

　この専門的知識及び技術の主要なものとして、中央説明会資料（保育所関係資料）（2017）には、次の表のように6項目があげられている（次頁**表2**）。

表2　保育士に求められる知識及び技術

①これからの社会に求められる資質を踏まえながら、乳幼児期の子どもの発達に関する専門的知識を基に子どもの育ちを見通し、一人一人の子どもの発達を援助する知識及び技術
②子どもの発達過程や意欲を踏まえ、子ども自らが生活していく力を細やかに助ける生活援助の知識及び技術
③保育所内外の空間や様々な設備、遊具、素材等の物的環境、自然環境や人的環境を生かし、保育の環境を構成していく知識及び技術
④子どもの経験や興味や関心に応じて、様々な遊びを豊かに展開していくための知識及び技術
⑤子ども同士の関わりや子どもと保護者の関わりなどを見守り、その気持ちに寄り添いながら適宜必要な援助をしていく関係構築の知識及び技術
⑥保護者等への相談、助言に関する知識及び技術

（中央説明会資料（保育所関係資料）(2017) より筆者作成）

　これらの知識・技術を適切かつ柔軟に用いながら、子どもの保育と保護者への支援を行うのだが、これらの知識、技術及び判断は「倫理観」に裏付けられたものでなければならず、さらに「この保育士の職責を遂行するために、日々の保育業務を通じて自己を省察するとともに、同僚と共同し、共に学び続けていく姿勢が求められる」と述べられている。

　さらに「保育所保育指針第5章職員の資質向上1の（1）保育所職員に求められる専門性」として以下のように記載されている。

> 　子どもの最善の利益を考慮し、人権に配慮した保育を行うためには、職員一人一人の倫理観、人間性並びに保育所職員としての職務及び責任の理解と自覚が基盤となる。
> 　各職員は、自己評価に基づく課題等を踏まえ、保育所内外の研修等を通じて、保育士・看護師・調理員・栄養士等、それぞれの職務内容に応じた専門性を高めるため、必要な知識及び技術の修得、維持及び向上に努めなければならない。

　倫理観及び人間性が保育者としての基盤となること、そして職種に応じて研修等を利用して専門性の向上に努めることが求められている。

(3) 保育教諭に求められる専門性

2017年告示の「幼保連携型認定こども園教育・保育要領」には、保育を行うための保育教諭の役割が随所に示されている。紙面の都合上、すべてを取り上げることはできないので代表的なものについてみていく。「第1章総則第2の（3）指導計画の作成上の留意事項」には、以下のように記されている。

> ク　園児の主体的な活動を促すためには、保育教諭等が多様な関わりをもつことが重要であることを踏まえ、保育教諭等は、理解者、共同作業者など様々な役割を果たし、園児の情緒の安定や発達に必要な豊かな体験が得られるよう、活動の場面に応じて、園児の人権や園児一人一人の個人差等に配慮した適切な指導を行うようにすること。

これについて「中央説明会資料（幼保連携型認定こども園関係資料）」（2017）には、「多様な役割」について、前述の「中央説明会資料（幼稚園関係資料）」（2017）と同じような表現がされている。また、園児一人ひとりに応じるための保育教諭等の基本姿勢として「園児の行動に温かい関心を寄せる、心の動きに応答する、共に考えるなどの基本的な姿勢で教育及び保育に臨むことが重要である」とし、このような基本姿勢を身につけるために「自分自身を見つめること」が重要だと記している。専門的な知識・技術等にとどまらず、保育者としての姿勢にまで踏み込んだ記述がなされている。

(4) 他の視点からみた専門性－感情労働

保育の仕事は対人援助職、コミュニケーション労働、感情労働などと呼ばれることがある。確かに保育者は職務中、子ども、保護者、保育者集団など、多くの時間を人と関わりながら過ごしている。しかし、その時間はただ接客をしていればよいものではない。たとえば子どもと関わ

る場合、子どもの心情を汲み取り、その子の発達を支えるための働きかけをする。その時、保育者は「保育者としてあるべき姿」でいることを求められる。「どんなに疲れていても子どもの前では笑顔でいる」、「叱らなければならない場面では真剣な表情で子どもに話をする」など自分が求められている役割を"演じて"いる。自分がどう感じているかではなく、この場面で自分はどうあらねばならないかを優先し、自分の感情を管理することを求められるのである。水谷（2013）は、「自己や他者の感情管理を核心的もしくは重要な要素とする労働」を感情労働としている。

「感情労働」とは、ホックシールド（Arlie R. Hochschild）（2000）が提唱した概念であり、「感情労働という用語を、公的に観察可能な表情と身体的表現を作るために行う感情の管理という意味で用いる。感情労働は賃金と引き替えに売られ、したがって＜交換価値＞を有する」としている。

自分の感情を子どもや保護者という対象にあわせて管理する場面が多いことを思えば、保育が「感情労働」としての側面を有していることは想像に難くない。この「感情労働としての保育」も保育者の専門性を考えていく切り口の一つといえるのかもしれない。

(5) 保育者の専門性－まとめ

榎沢（2016）は、保育者の専門性を構成すると考えられる基本的要素を保育の実践過程に注目して「保育の計画を立てること」、「保育実践」、「実践の省察」としている。さらに、保育及び子どもについての専門的知識が保育者の専門的力量を強く左右し、その専門性の基盤をなしているものが人間性であるとしている。人間性が保育者の専門性を考えていく上で重要であることは3法令においてもとりあげられている。

文部科学省はつけるべき資質・能力の3つの柱として「知識・技能」、「思考力・判断力・表現力等」、「学びに向かう力・人間性等」をあげているが、保育者が求められている専門性をこれらに照らしてみると、保

育に関する知識・技能、保育を構想し、実践していくための思考力・判断力・表現力等、そして常に自らを振り返り、向上していこうとする学びに向かう力、倫理観に裏付けられた保育者として求められる人間性、それらの資質・能力が専門性といえるだろう。また、幼児期にはその基礎となる力、すなわち「知識及び技能の基礎」、「思考力・判断力・表現力等の基礎」、「学びに向かう力・人間性等」を育みたい資質として挙げている。

保育者は子どもたちにこれらの資質、能力を育むために、専門性を発揮して保育することが求められているが、同時に自らも保育者として必要とされる資質・能力を身につけることが求められている。保育者は子どもの成長を支えるものであり、自らも成長していく存在なのである。

以上、保育者の専門性について概観してきたが、視点により多様であり、またその時代によって求められるものも変わっていく側面を持つ。したがって、常に「保育者の専門性とは何か」、「専門性を身につけていくためにはどうすればよいのか」を問い続けることが必要である。

第2節　専門性の向上

「幼稚園教育要領」、「保育所保育指針」、「幼保連携型認定こども園教育・保育要領」を中心に「保育者の専門性」について述べてきたが、どの法令においても「専門性を向上させること」が求められている。そのためには日々の保育を通しての絶え間ない自己研鑽と研修が重要であること、したがって研修の機会を充実することが必要だとしている。また、社会の変化はめまぐるしく、子どもをとりまく環境も変化している。そのような時代においては保育者同士連携していくことが非常に重要であり、「チーム」としての園のあり方が保育の質の向上につながっていくと思われる。

保育者の専門性は、職に就く前に資格及び免許を取得するために養成課程で身につけるものと、職に就いてから経験を重ねていくことで身につけられるものとがある。目の前の子どもと保護者のことを考え、保育者として何が求められているか、そして社会の変化に応じて変えていくべきものと決して変えてはいけないものを判断する力を持たなければならない。そして最も大切なことは絶えず自己研鑽を続けていく姿勢であろう。倉橋惣三（1882〜1955）は自著の中で以下のように述べている。

> 　子どもが帰った後、その日の保育が済んで、まずほっとするのはひと時。大切なのはそれからである。
> 　子どもといっしょにいる間は、自分のしていることを反省したり、考えたりする暇はない。子どもの中に入り込みきって、心に一寸の隙間も残らない。ただ一心不乱。
> 　子どもが帰った後で、朝からのいろいろのことが思いかえされる。われながら、はっと顔の赤くなることもある。しまったと急に冷汗の流れ出ることもある。ああ済まないことをしたと、その子の顔が見えてくることもある。―― 一体保育は‥‥‥。一体私は‥‥‥。とまで思い込まれることも屢々である。
> 　大切なのは此の時である。此の反省を重ねている人だけが、真の保育者になれる。翌日は一歩進んだ保育者として、再び子どもの方へ入り込んでいけるから。

　この倉橋のことばは、何十年もの年月を経てもなお保育者の真髄を語っている。この気持ちを持ち続けてこそ、専門性は高めることができるのである。

［引用・参考文献］

厚生労働省「保育所保育指針」2017年

文部科学省「幼稚園教育要領」2017年

内閣府「幼保連携型認定こども園教育・保育要領」2017年

水谷英夫『感情労働とは何か』信山社、2013年

内閣府・文部科学省・厚生労働省「幼保連携型認定こども園教育・保育要領　幼稚園教育要領　保育所保育指針中央説明会資料（保育所関係資料）、（幼稚園関係資料）、（幼保連携型認定こども園関係資料）」2017年

秋田喜代美「保育者の専門性の探究」『発達134』ミネルヴァ書房、2013年

A.R.ホックシールド、石川准・室伏亜希訳『管理される心─感情が商品になるとき』世界思想社、2000年

榎沢良彦「第1章　保育者の専門性」『保育学講座4　保育者を生きる』（日本保育学会編）東京大学出版会、2016年

倉橋惣三『育ての心（上）』フレーベル館、1976年

（杉山喜美恵）

第3章 保育者論

第1節 保育士の役割と倫理

1 保育士の役割とは

(1) 基本的な生活習慣を身につけさせる

　大人になるにつれて必要となってくる「基本的な生活習慣」を身につけさせることは保育士にとって最も重要な役割の一つである。例えば、食事、睡眠、排泄、手洗いやうがい、着替えなどがそれにあたる。これらは家庭で覚えさせることでもあるが、家と保育所のどちらでも教えることで、子どもがより身につけやすくなるという狙いもある。また、家庭によっては上手に教えてあげられていない場合もあるので、保育士は保育のプロとして、しっかりと教えこむといった役割がある。

(2) 子どもの健康管理について

　子どもは自分で自分の健康状態を上手に伝えることができないので、顔色や声の調子、行動などから健康状態を把握する必要がある。必要に応じて、症状を聞き出したり、休ませてあげたり、親御さんに連絡して迎えにきてもらうなどをする。集団生活をしていると、感染症にかかりやすくなるので、症状を悪化させないためや、他の児童にうつさないようにするためにも、保育士が子どもの健康管理に果たす役割は大きい。

(3) 集団生活でのコミュニケーションを学ばせる

　子どもたちにとって保育所に通う大きなメリットの一つとして、集団生活から社会性を学ぶことができるというものがある。友だちとの関わ

りの中で、様々な自己主張のぶつかり合いによる葛藤を経験したり、友だちと一緒に遊ぶ中で、一緒に遊ぶ楽しさや充実感を味わったりして、次第に社会性を身につけていく。保育士の役割は、集団生活をしようとする子ども達の支援をすることである。子ども達が上手に集団生活ができるようになるために、日々の遊びや遠足、発表会などの行事などから、集団生活に必要なことを学習させていく。

(4) 心身発達をサポートする

保育所に通う子どもたちは心身の健全な発育がとても大切である。この時期の保育の仕方次第で、その後の成長に大きな影響を与える。そのため、保育士は保育のプロとして、子どもたちの年齢や月齢、成長・発達段階に応じた柔軟な支援・援助が必要である。室内遊びや外での運動など、色々な遊びを通じて、精神的にも肉体的にも健全な発育ができるように支援する。

(5) 保護者の悩みをサポートする

繰り返しになるが、保育士は保育のプロとして、保護者の保育への悩みや不安を解消していくこと（子育て支援）も重要な役割となる。すべての母親が「子育て」が得意なわけではなく、苦手な母親も多くいる。特に、意図せず子どもができてしまった母親や、初めて子育てとなる母親は、子育てに対する悩みや不安を多く抱えている。連絡帳や送り迎えのときのちょっとしたやり取りのときに、上手にアドバイスしてあげることが大切になってくる。

2　保育士の倫理とは

以下に、全国保育士会倫理綱領を引用する。しっかりと読んでみてほしい。

> すべての子どもは、豊かな愛情のなかで心身ともに健やかに育てられ、自ら伸びていく無限の可能性を持っています。私たちは、子

どもが現在（いま）を幸せに生活し、未来（あす）を生きる力を育てる保育の仕事に誇りと責任をもって、自らの人間性と専門性の向上に努め、一人ひとりの子どもを心から尊重し、次のことを行います。

　　私たちは、子どもの育ちを支えます。
　　私たちは、保護者の子育てを支えます。
　　私たちは、子どもと子育てにやさしい社会をつくります。

（子どもの最善の利益の尊重）
１．私たちは、一人ひとりの子どもの最善の利益を第一に考え、保育を通してその福祉を積極的に増進するよう努めます。
（子どもの発達保障）
２．私たちは、養護と教育が一体となった保育を通して、一人ひとりの子どもが心身ともに健康、安全で情緒の安定した生活ができる環境を用意し、生きる喜びと力を育むことを基本として、その健やかな育ちを支えます。
（保護者との協力）
３．私たちは、子どもと保護者のおかれた状況や意向を受けとめ、保護者とより良い協力関係を築きながら、子どもの育ちや子育てを支えます。
（プライバシーの保護）
４．私たちは、一人ひとりのプライバシーを保護するため、保育を通して知り得た個人の情報や秘密を守ります。
（チームワークと自己評価）
５．私たちは、職場におけるチームワークや、関係する他の専門機関との連携を大切にします。また、自らの行う保育について、常に子どもの視点に立って自己評価を行い、保育の質の向上を図ります。

（利用者の代弁）
6．私たちは、日々の保育や子育て支援の活動を通して子どものニーズを受けとめ、子どもの立場に立ってそれを代弁します。また、子育てをしているすべての保護者のニーズを受けとめ、それを代弁していくことも重要な役割と考え、行動します。
（地域の子育て支援）
7．私たちは、地域の人々や関係機関とともに子育てを支援し、そのネットワークにより、地域で子どもを育てる環境づくりに努めます。
（専門職としての責務）
8．私たちは、研修や自己研鑽を通して、常に自らの人間性と専門性の向上に努め、専門職としての責務を果たします。

第2節　保育士の制度的位置づけ

1　資格と要件について

　保育士資格の取得方法は大きくわけて3つある。1つ目は高等学校卒業後、厚生労働大臣指定の大学、短期大学、専門学校などの指定保育士養成施設へ進学し、その課程を修了することで保育士資格を取得するものである。2つ目は、大学・短期大学の通信教育または夜間を受け、所定の単位を取得して卒業する。3つ目は、毎年行われる国家試験である各都道府県が実施する保育士資格試験に合格することである。このいずれかの方法で保育士資格を取得し、保育士登録を受け、保育士証の交付をもって保育士として就業できる。
　2001年11月30日に児童福祉法の一部を改正する法律が公布され、2003年11月29日にこれが施行されることにより、保育士は国家資格と

なった。これは、認可外保育施設が起こした事故等により保育所及び保育士の信用が損なわれたことへの対策と、保育士が地域社会の子育て支援のために一層役割を果たしていくことが求められていることを契機として改正されたものである。法改正により、保育士でない者が保育士またはこれに紛らわしい名称を使用してはならないという名称独占規定や、対人援助職としての義務として守秘義務や信用失墜行為の禁止なども規定された。保育士は、保育所のほかにも、児童養護施設、知的障害児施設、知的障害児通園施設、盲ろうあ児施設、肢体不自由児施設、重症心身障害児施設、児童心理支援施設、乳児院、母子生活支援施設、児童厚生施設、児童自立支援施設等で働くことができる。また、保育士が名称独占の専門職となったことで、今後、保育士の職場はさらに拡大されると考えられる。

2 責務

　毎日、子ども達とともに遊びながら、喜怒哀楽の中で、子ども達の成長を見守り、迎えに来た保護者にその成長の様子を伝えるなどあるが、保育士の仕事は、それだけではない。子ども保育する一方で、保護者が働きに出ている間、保護者に代わって、幼い命を預かるという非常に重い責任を背負っている。なぜなら、保育士の仕事は、子どもを保育するだけでなく、子どもと保育園、その周辺の施設すべてに関わってくるからである。子どもが1日を過ごす保育園内外の環境を、清潔で安全に整えるのも、保育士の責務の1つである。

　朝、出勤するとすぐに清掃が待っている。清掃は、子どもによる嘔吐やおもらし、赤ちゃんのよだれなど、園が開いている間は常に行われる。園内の清潔に気を配るだけでなく、子ども達が口にすると危険なものは落ちていないか、子ども達の手足のふれる床や壁のチェックも怠ってはならない。昼食の時には、子ども達と一緒に食事を摂りながらも、食べものの嚥下などに問題がないかをチェックし、また、園内外で子ども達

が遊んでいる間に起こりうる事故などを予測し、未然に防ぐことも大切な責務の1つである。

また、子ども達がケンカをした時は、保育士が間に入って話を聞き、仲直りをさせるといった辛抱強い対応も望まれよう。さらに、園内だけでなく、園の外にも注意を払うことも必要である。考えたくないことではあるが、変質者による学校襲撃が相次ぐなか、保育所もその例外ではない。保護者から預かっている子ども達を、親に代わって保育しながら、子ども達の安全を守ることが保育士の使命である。もちろん、子ども達だけでなく、保育士同士の連携や、保護者とのコミュニケーションがきちんと取れるということは、何よりも大切だと言える。子どもが好きなことや、保育士への適性があることはもちろんのこと、子どもとその周辺のすべてに関わる事柄に対し、職務への徹底が望まれるたいへんに責任が重い仕事なのである。

第3節　保育士の専門性

1　養護と教育

養護とは、子どもの生命性の尊重である。子どもは生きる。心穏やかにまた幸せに充実して日々を過ごす。大人は、その生を支え、保障する。

教育とは、子どもの文化性の発揮の機会の提供である。子どもは育つ。その育ちは世界（身近な環境）への出会いを通して可能になっていく故に身の周りの文化への熟達へと向かう。大人は文化的に豊かな、同時に子どもが出会う場を用意する。

この2つは子どもが小さければ小さいほど、密接につながり、不可分となっていく。生命性の中に世界へのミニマムな出会いの可能性が用意されているからである。保育所保育の特性は、「養護と教育が一体」と

なって保育が進められるところにある。「養護」とは、「子どもの生命の保持及び情緒の安定を図るために保育士等が行う援助や関わり」であり、「教育」とは、「子どもが健やかに成長し、その活動がより豊かに展開されるための発達の援助」なのである。この養護と教育とが「一体」であるとは、園生活においては、養護（生命の保持と情緒の安定）が基礎となって、それによって支えられる教育（5領域から見た子どもの育ち）が進められていく、という構造を示している。

　例えば、子どもが木登りなどの怖い活動をしようとするとき、必ずそばに保育士がいて、見守ってくれることを期待・要求する。「先生、そこで見ていてね！」と。木登りを通しての健康や環境という領域の育ち（教育）は、保育士の見守り（情緒の安定）に支えられて可能になるのである。また、おむつを取り替えるとき（生命の保持）、「気持ちよくなったね」と話しかける。そのとき、保育士の言葉かけや顔の表情と、自分のおしりの感触の変化を結びつけているのである。

　これまでに述べた「発達」と「養護」・「教育」とは、どのような関係にあるのだろうか。「養護」は「生命の保持と情緒の安定」で、それが基礎となって保育所における「教育」を支える。「教育」は「子どもが健やかに成長し、その活動がより豊かに展開されるための発達の援助」であるが、この「成長」や「活動」は、健康、人間関係、環境、言葉、表現の5領域に見るとおりであり、これらをまとめたのが「発達」である。「発達」はおおまかには8つの発達過程区分として捉えられるが、「教育」のなかの5領域もこの区分にそって把握されるものなのである。したがって、「養護」に支えられながら援助が進められ、その結果、保育内容の5領域における心情・意欲・態度と「育ち（発達）」が生まれてくるといえる。ここで5領域とは、健康・人間関係・環境・言葉・表現である。また、幼児期の終わりまでに育ってほしい姿として10のポイントが、保育所保育指針や幼稚園教育要領に新たに示されている。保育を行う上で是非、参考としたい。

2 保育士の資質・能力・知識・技術・判断及び保育の省察

　保育者の実践と成長において、長年「省察」は重要な役割を果たすと考えられてきた。例えば津守真（1980）は、反省を考察に加える精神作業を省察と呼び、この省察により「実践の場では気づかれなかった子どもの世界や、自分自身の前提を、より明瞭に見ることができるし、それらのことの本質に近づくであろう」と述べている。最近では、保育者養成や保育カンファレンスにおいても、この省察が重要視されており、保育職の専門性を表す指標の1つになっている。

3 保育課程による保育の展開と自己評価

　指導計画を立てるには、まず、子どもの発達の流れ（道筋・発達過程とその区分）をよく理解することと、一人ひとりの子どもの把握が大切である。また、今日（月・期・年）の保育をしっかり振り返り、自分なりの評価を加え、それをもとに次の保育のための指導計画を立てる。その際のポイントは、子どもの今日の動きや育ちに加え、保育者自身の保育への振り返りが必要になる。

　保育所には多くの職種がある。その人たちが密接に連携することも大切である。クラス担当などの保育士は、お互いの保育の進め方を細かく確認することで、自分の指導計画の立案の際に意見を活かすことができる。「一人の保育士はすべての子どもを保育する、一人の子どもはすべての保育士から保育される」という体制の理解と確認が必要となる。担任は自分のクラスの子どもだけでなく、園全体の子どもを保育する責任をもつ。一人ひとりの子どもはクラス担当だけでなく、園のすべての保育士等によって保育されるものである。例えば、園庭での自由遊びでは、一人ひとりの保育士は、すべての子どもと遊びながら安全管理などにも注意する必要がある。また、年少（3歳児）クラス担任がカリキュラム（指導計画）を組むとき、原案は自分で作るものの園の職員全体で議論

し、まとめあげていくことが大切である。特に2歳児クラスと4歳児クラスとのカリキュラムの連続性には配慮を要する。
　なお、自己評価にはPDCAによる次の7段階が考えられる。(1) から順に (7) まで進み、また (1) に戻る。
　(1) 自らの保育の課題設定：いままでの保育を振り返り、今日、今週、今月、今年一年のテーマを設定する。
　(2) 保育所の課題設定：同上（保育所の構成員としての役割の確認）
　(3) 課題設定の理由の説明：なぜそれが課題になるのかという理由の説明を行う。
　(4) 保育の実践：課題解決に向けての保育を実践する。
　(5) 評価：課題のうち達成できたもの・できなかったものを判断する。
　(6) 判断の理由の分析・説明：どの程度できて、どの程度できなかったのか。それはなぜか（分析）。その判断はどの点で説明できるか。
　(7) 次の保育を、計画する。

第4節　保育士の協働

1　保育と保護者支援にかかわる協働

(1) 社会資源との連携と子育て支援

　子育て支援として、相談や助言は重要な役割である。それらを保育所で受けるが、保育所内だけでは対応できないものも少なくない。そのようなとき、社会資源（リソース）との連携が欠かせない。社会資源とは小学校、幼稚園、警察署、保健所、病院などの専門機関を指す。保育所はこれらの専門機関と日常的に連絡・交渉・協同するなどして、必要な

ときに連携できる体制をとっておくことが大切になる。

(2)「見えない」育ち

　子育て支援として、一時保育や育児講座、育児に対する相談・助言ももちろん大切である。しかし、保育士としての支援の第一は、子どもの園での活動、生活ぶりそして育ちを保護者にしっかりと伝えることにつきる。仕事をしながら子育てをする忙しい保護者は、自分の子どもが生活時間の大半を過ごす保育所での活動を知らないことが多い。帰宅後、大急ぎで夕食を作り、ぐずる子どもをなだめながら食べさせ、入浴させ、やっとの思いで寝かしつけることに精一杯で、子どもの育ちにゆっくりと目を向けられないかもしれない。送迎の際に保護者と交わすひと言ふた言の言葉や連絡帳の中の短いながらのひと言で、その日の子どもがしようとしたこと、発見したこと、驚いたこと、感動したことなど、ほんのわずかなものでも、「見えない」育ちであってもそれを具体的に伝えることが、子育て支援の基本といえる。目に「見える」育ちではないが、こうした「見えない」育ちを確かに伝えることが、求められているのである。

2　他の専門機関との連携

　現在、保育所が地域社会に果たす役割も大きくなってきている。保育所が地域において果たすべき役割と、そのできる限界を認識した上で、他の機関と連携をとることも当然に必要であろう。具体的には、児童発達支援センター、子ども家庭センター、児童相談所、保健所、福祉事務所、民生委員、児童委員、学校機関、医療機関、警察など考えられるが、それぞれが果たす役割・機能を認識し、それぞれの役割・機能を生かしながら、子どもの保育にあたることが重要である。そのためにも日頃から、関係機関とのつながりを持っておくことが、より有効に連携をとることに繋がると言える。

3 保護者及び地域社会・家庭的保育者等との連携

　さまざまな機関が子育てを支えている中で、保育所・幼稚園・認定こども園等ではその拠点となることが期待されている。子育て中の親子が集える場所や子育てを一緒に学べる場を提供すること、子育ての不安や悩みを共有し、支えていくことなど多様な支援が求められている。地域社会全体で子育てを支えるという社会的養育の視点が重要であろう。

　また、家庭的保育者等との連携についても、近年その施策が充実している。家庭的保育事業等については、「家庭的保育事業等の設備及び運営に関する基準（平成26年厚生労働省令第61号）」第6条及び「家庭的保育事業等の設備及び運営に関する基準の運用上の取扱いについて」（平成26年9月5日雇児発0905第2号厚生労働省雇用均等・児童家庭局通知）により、保育所、幼稚園又は認定こども園を連携施設として確保していくことが周知されている。

　家庭的保育事業者等については、利用乳幼児に対する保育が適正かつ確実に行われ、及び、家庭的保育事業者等による保育の提供の終了後も満3歳以上の児童に対して必要な教育又は保育が継続的に提供されるよう、連携教育を行う幼稚園、保育所又は認定こども園を適切に確保する必要がある。

第5節　保育者の専門職的成長と発達

1　自己研鑽の基本は保育の「振り返り」

　一日の保育を振り返ることは必要なことである。とかく「振り返り」（のためのケース会議など）というと、ひとりの子どもの問題点（特にマイナス点）を見つけて反省することと思われがちであるが、大切なの

はその日の保育の中で、子どもが何をしようとしたのか、できなかったけれどもやろうと意欲的に取り組んだことは何なのか、を見つけることである。なお、保育所から小学校への資料提供が必要となることが保育所保育指針で定められている。また、保護者にわかるように説明することが必要になってくる。いずれも保育士（保育所）にとっての説明責任（アカウンタビリティ）・社会的責任である。これらの状況に備えて、子どもの育ちを正確に見つけ、適切な言葉や文字にできるような力をつけることが、自己研鑽だと考えられる。

2 保育士の研修

保育士の資質向上は、まず専門性の習得に始まるが、子どもや保護者を取り巻く社会環境の明確な把握も欠かせない。都市化や核家族化、少子化といった社会の動きがどのように影響しているのか、それにどう対処するのか、じっくり研修等で考えることもまた重要である。

【引用・参考文献】

安部恵・鈴木みゆき編著『教育・保育実習安心ガイド』（保育実践シリーズ）ひかりのくに、2002年

秋田喜代美編著『今に生きる保育者論』（新時代の保育双書）みらい、2007年

秋田喜代美『保育の心意気：続々保育の心もち』ひかりのくに、2017年

津守真『保育の体験と思索：子どもの世界の探究』大日本図書、1980年

小川圭子編『保育者論：子どものかたわらに』（シリーズ・知のゆりかご）みらい、2017年

厚生労働省『保育所保育指針』フレーベル館、2017年

（矢野　正）

第4章　保育者と人間性

第1節　生活と人間性

1　生活活動

　言うまでもなく、人間とは人の間と書く。これは人間の本質を言い表していると考えられる。実に人間は人と人の間で生きる存在であり、アリストテレス（Aristoteles B. C. 384-322）によってすでに指摘されているように、人間は「社会的な動物」なのである。社会的に善く生きることこそ、人間の本性である。また人間が自らの人間関係を構築していくことは、同時に「人間性」、つまり人間らしさを育んでいくことをも意味している。人間性は人間関係の基礎であり、人間関係は人間性の表現であるとも言える。

　ペスタロッチー（J.H.Pestalozzi 1746〜1827年）は、子どもの発展段階を見通しながら、どのような保育内容・方法が人間らしさを育むことができるのかを考察していた者の一人である。このような立場から保育のあり方を考えた彼の保育観は、人間らしさを求める現代の保育に、多くのものを寄与するのではないだろうか。本章では、ペスタロッチーの教育思想を基盤としながら、人間性を育む保育者はどのようにあるべきかを考えていきたい。

　それでは、そもそも生活は人間をどのように高めていくのだろうか。まず注意しなければならないことは、生活とは、人間の内的な生命力の発現も、また外的環境からの働きかけもともに意味している、というこ

とである。生活は人間と環境との交互作用によって成り立ち、環境から影響を受け、また逆に環境に働きかえすという連続の中で、人間は自らの「生き方」を高めていく。

2　生活の発展段階

しかしもちろん人間の生き方の質的な高まりには、発展の段階、節目があって、そのあり方によって人間は環境からの影響の受け取り方、働きかけ方を変えていく。簡単にまとめると、人間は最初期には、衝動的な生き方をして、快・不快といった基準をもとに行動し、生活を展開する。それは、「遊び」の活動を中心とする生き方である。

さらに次の段階として、損得という判断基準をもとに展開される生き方があとに続く。この生き方は、他者からの好意や評価によって左右されたり、行為の結果を予想しながら自己の活動を制御したりすること、つまり目的と手段が分化していくことに特徴がある。この段階の生き方は、「営み」と呼ばれることもある。しかしより多くの「快」を得ることが「得」の意味するところなのであるから、この生き方は、結局は、快・不快に基づく生き方が、より洗練されたものだと考えることもできる。

第三番目の生活の段階は、個人の快・不快や損得といった基準を超えた価値を求める生き方であり、自己の利益にこだわらないという意味で、利他的、客観的、あるいは超個人的な生き方と表現することもできる。そしてこの生き方は、前の二つの段階とはまったく質的に異なる、むしろ対立さえした生き方である。通常これは、理性や精神に基づく生き方と呼ばれる。

もちろんこれら三つの生き方は、それぞれ人間らしい生き方の一つひとつの面を代表しているとも言える。しかしおよそ人間性がもっとも完全かつ純粋な形で現れるのは、第三番目の生活の仕方である。何故なら、自己の欲望をよくコントロールし、そのコントロールによって自らの力

を高め、高次の目的に邁進することこそ、人間固有の特徴だからである。

ところで第一の快・不快の生き方（遊び）から、第二の損得を考えた生き方（営み）への移行は、どちらかといえば容易に、しかも自然発生的に行われる。しかし、第二の損得をもとにした生き方から、損得を基準としない、第三の生き方（理性・精神的な生き方）への移行は容易ではない。なぜならその移行は、損得の生き方の継続・発展というよりも、それを否定的、飛躍的に乗り越えることで可能となるからである。この意味で自らを否定的に乗り越える契機を作り出すことの中に、人間の生き方が高まる秘密がある。

3　「困窮」の意味

しかしその場合、人間をこの飛躍へと駆り立てるものは何か。人間は自己の生き方に満足し、事足りていると意識している限り、新たな生き方へ高まるものではない。すなわち人間がある種の問題に行き詰まり、それまでの対処の仕方では切り抜けることができないという立場におかれるとき、より高次の生き方へと飛躍するのである。

したがってこの行き詰まりの自覚、つまり「困窮」の意識は人間の生き方を高次のものへともたらす契機となる。

とはいえ、成長途上にある子どもたちに「困窮」を感じさせさえすれば、「生き方」が自ずと高まるわけではない。ましてや幼い子どもたちの場合、子どもたちをただ困らせれば良いというのでは、いかにも無責任である。

「困窮」の意識は、問題となっていることに真っ正面から向かい、取り組み、やり遂げようとする強い感情や衝動や意欲と結びついて、発展の契機となる。この感情・衝動・意欲は、生活の中で自己を発揮し、生き抜く喜び、生きているという実感、味わいによって強化される。それをペスタロッチーは、「生活の味わい」と表現している。

この意味では、生活の味わいと困窮の要素が豊かにある生活は、人間

を、人間性の発揮へと高める機会をより豊富に提供するものだと言えよう。しかしその場合、どのような生活を味わい、どのような困難につきあたるかが問題である。

　ペスタロッチーは『白鳥の歌』（1826年）の中で「必要は最善の教師である」と同時に、「必要は最悪の忠告者でもある」と述べ、困窮は人間を高めるだけではなく、悪しきことにも導くことを示している。彼は、かえって、ごく普通の一般的な日常生活の多くは、人間を堕落させる誘惑を持っていることを明らかにしている。この日常的な生活の要素の中から、人間らしさを育む契機を取り出し、保育の内容に盛り込むことこそ、保育施設、そしてまた保育者の役割だと言えよう。

第2節　生活活動と保育者の働きかけ

1　生活の課題に取り組むこと

　つまり個々の保育の活動は、生活の困窮や生活の味わいの要素を取り入れ、かつまた人間性を育む方向に環境・状況をととのえるという条件を満たすものでなければならない。

　しかしそれでは、こうした生活の要素が保育の活動の中にどのようにして取り入れられるのであろうか。困窮の要素としては、保育施設の生活の中では、問題意識──つまり疑問に思うこと、「不思議だな」と思うことと言い換えても良い──に注目すべきである。さらに「生活の味わい」は、子どもたちが自身の興味や関心に基づいた意欲的かつ積極的な活動の展開によってもたらされる。そして、この困窮と生活の味わいの二つのバランスに配慮することが、保育者にはぜひとも必要である。何故なら、子どもにとってひどい困難は挫折の意識を呼び起こし、逆に現状の自己への満足感は、子どもを新たな高次の段階へと進ませること

を踏みとどまらせるからである。

　このような適度な困難の意識とそれを克服しようとする意欲、それは、子どもの「努力」——頑張る気持ち——を引き出す課題設定の中で生まれてくる。すなわち子どもが自己の力を総結集して対処する課題を、段階づけることが個々の保育活動の際に望まれることなのである。

　しかしそうした保育の目的を達成しようとする場合、子どもに与えられた、あるいは自ら見つけた課題に対する解決の結果だけに保育者の目が奪われると、人間性の発現を見失う危険が生まれてくる。行為の結果だけに注目するのではなく、その行為の一つひとつの過程を通して、初めて子どもの人格の発展が見えてくる、ということを忘れてはならない。

　この意味でペスタロッチーは、行為の過程に注目せず、子どもの全人格から切り離して、個々の能力の増加だけをねらいとする保育観には批判的である。一層豊富な知識を身につけることも、一層複雑な思考を修練することも、一層困難な技術を習得することも、否、一層豊かな感情表現でさえ、それはまだ人間性を育てることの核心には触れていない。むしろ保育の重点は、子どもが自身の課題をどれだけ正面から、正直に、かつ誠実に解決していくか、あるいはしようとしていくのか、その過程に置かれるべきなのである。

2　手本としての文化

　しかし誠実に課題を解決するためには、子どもにとっての模範、いわば手本が必要である。それが保育者であり、文化財である。人間の人格形成は、接触する人間の人柄によって大きく左右される。例えば、何事にも誠実な保育者に絶えず触れることで、子どもたちは、それを自身の生き方の手本にする、ということである。この意味では、保育者は、自身の人間性を切磋琢磨し、磨き続けることが必要である。

　また子どもたちをとりまく環境、すなわち題材は、子どもに感動をもたらすもの、しかも模範へと動機づけるものという意味で、人類が得て

きた生き方の集大成としての文化と深く関連している。

　ちなみに人間社会の中にある人間の生き方の集合は、傾向として二つに分けることができる。一方が「文化」的側面であるとすれば、他方は「文明」的側面である。このうち文化は「人間らしさにまつわる生き方の総体」、そして文明の方は「集団的利益を目指した生き方の成果」である。「人間らしさ」を育む際の題材としては、特に「文化」に重きがおかれるべきである。

　けれどもこの題材としての文化は、子どもにとって単なる過去の遺産として示されるのではない。文化財は、子どものより高い能力、人間性を発揮させるための媒介物であるにすぎない。

　ただし文化財といっても、決して一般大衆とはかけ離れた教養のようなものだけを意味するのではない。むしろ日常的に見られる子どもを取り巻くもの、つまり言葉、書籍、器財、道具、社会組織等の中に文化の要素が織り込まれているのである。

　こうした文化財は、当然子どもの発展段階に合わせて、環境として用意される必要がある。そしてこの保育者によって精選された文化財に触れることで、おりにふれて現れ、誘い出される子どもの「意志の純粋さ」が人間らしさの試金石である。そしてこの意志の純粋さは、人間関係の中でこそ、最も確実に確認されるものである。

第3節　言葉と人間性の育成

1　言葉の意味

　ところで、この意志の純粋さを明瞭に感じ取ることができるのは、保育活動の中で子どもたちがその時々に口にするはずの「言葉」である。ペスタロッチーは言葉がどのようにあるべきだと考えていたのだろうか。

もちろん言葉は、5領域の中での保育内容としての面があるが、それだけではなく、各領域に共通して、保育者と幼児との間で媒介され、取り交わされる言葉の面があり、当然各領域で取り扱われる固有の概念も言葉で表現される。そしていずれの場合でも、言葉のあり方は、子ども自身の持つ直観印象との関係で考えられねばならない。言葉は直観と思考との中間段階に位置している。直観印象を超え出る無秩序な言葉の使用は、人間性を育むことを阻害する結果になる。なぜなら「知らないことを知っているかのように語る」ことは、人との関係の中で、単に虚言の端緒となるだけでなく、自己の弱点を隠し、それを拡大する方向へと人間を導くからである。

　もちろん言葉は事実の表現という意味を持つだけでなく、子どもの認知、情緒、行動の三つの層のあり方を示すものでもある。子どもが何かを知っていることは、それを実行できることと同じではない。また望んでいるからといってそれを実行できるとは限らないということは、子どもの言動を吟味してみて初めて明らかになることである。

　同じような意味で、子どもの発した言葉が確かに何かある真実を表現したものだったとしても、それが同意していないことを同意したかのように強制された結果だったり、そう言わざるをえない立場に子どもが追い込まれた結果ならば、その子どもの言葉は、人間形成的機能が発揮されていない証だということになる。

2　言葉と人間性

　個々の保育活動においては、認知のレベル、情緒のレベル、行動のレベルの一致が配慮されるべきであり、しかもそれは、子どもが活動を他者から強要されていると感じている限り、実現できないものである。人間の能力を円満かつ欠くことなく発展させることが目標であるとすれば、それは、子どもが一つひとつの課題に取り組んでいる中で、認知と情緒と行動を目的に向かって結びつけて働かせている状態を継続してこそ、

実現できるのである。

ところで知識としての言葉が、子どもの思考や手腕と無関係に取り扱われ、表面的上のものに陥るとき、子どもの心の中で、言葉を、自分が優位になるための手段の一つとして利用しようとする誘惑が生まれるようになる。表面的な知識・言葉の拡張は、人間の生き方の深まりとは逆の方向に向かうことになる。

私たちは、知識の豊富さを求めず、むしろ着実な知識の定着と、的確な使用とに配慮すべきである。時代・文化の変遷とともに重要性が変わる知識として言葉を蓄積することよりも、受け入れた言葉を一つの情報として捉え、その軽重を判断する力の基礎形成を重視する必要がある。「私たちの祖先は必要なことは立派にやり、無用なことは知りもしなかったのに、私たちは無用のことを多く知り、必要なことができなくなった」とペスタロッチーは歎いている。私たちの保育界にも、保育者にも子どもたちにも、これと同じことが言えはしないだろうか。

まとめて言えば、子どもの言葉が以下の状態であればあるほど、各保育活動の中で人間性の形成機能が失われていくようになる。

（1）知らないことを知っているかのように語るとき
（2）心から同意していないことを同意したかのように語るとき
（3）言葉をもっぱら自己中心的欲望のために利用しようとするとき
（4）生活の義務や必要を軽視する博識や多弁に陥ったとき

言葉は、実際の保育活動の中で、人間性形成の機能が十全に働いているかどうかを確かめる試金石となる。

3　人間性育成の要点

以上述べてきたように、ペスタロッチーは保育の活動の中に困窮と生活の味わいの要素を取り入れて人間性を育てることを示唆している。そしてその中心となる部分は、どのような活動においても、子どもがその発展段階なりに、課題解決の中で自分の生き方、あり方を振り返り、自

身を見つめなおす機会を設定するということにある。

　しかしこうして子どもが自身の生き方を見つめ、どれだけ純粋な意志から活動しつつあるかどうかを他者が確かめるには、ただ子どもの行動の過程に注目することと、子どもの発する言葉に耳を傾けるほかない。したがって保育者は、言葉を人間性育成の試金石としながら、それぞれの主題に応じて固有の立場から、子どもの生き方を高めていくべきである。しかし各活動のねらいが、もし人間の個別的な力の増加におかれ、活動間の関連が考慮されなかったり、あたかも各活動で習得されたものが寄り集まってやがて人間性ができあがると錯覚されるに至るならば、その場合には、保育上の一つの間隙(かんげき)――つまりその間隙のために、子どもが自らの力を現実生活の中で適用しようとする際に混乱・困惑を引き起こす――が生み出されるようになる。

　こうした隘路(あいろ)にしばしば保育者・教育者が陥りがちであることにペスタロッチーが喚起を促したこと、それを踏まえた上で人間性を育もうとその核心に迫っていったこと、それは、社会的存在としての人間の生き方、人間性を育む保育の内容が問われている今日に、多くのヒントを提供するものではないだろうか。

【引用・参考文献】

　Pestalozzi Sämtliche Werke. Buchenau, Artur, Spranger, Eduard & Stettbacher, Hans(Hg.), Orell Füssli Verlag, 1927-1996.

　古畑和孝『人間性を育てる教育』慶応義塾大学出版会、1998年

（大沢　裕）

第5章　わらべうたと保育

第1節　わらべうたの歴史とその特徴

1　言葉の歴史

　先人の研究から「わらべうた」の言葉の歴史を見ると「童謡」と書いて「ワザウタ」と読む時代が先行する。この中国から伝来した「童謡」は、上代（奈良時代）では現在の意味とは全く異なり、人事を風刺した歌をさした。わが国では、政治的意味合いが薄まり、民間の歌謡を利用した風刺で、担い手は庶民であった（中国では政治的目的をもち子どもに歌わせた。）。

　この他「巷謡」「時人の歌」など数多く存在し、唄われた。このような民謡的な歌詞が今日のような伝承童謡と同じと認められるものが現われるのが、延喜時代以降（901年～）である。

　平安時代の催馬楽・風俗・今様などが盛んにうたわれる中に、今日の伝承童謡に近いものが散見されるようになる。

　完全な童謡と考えられているのが、天仁元年（1108年）に記された『讃岐典侍（サヌキノスケ）日記』の「降れ降れこ雪」である。この童謡は、『徒然草』でも解説があり、室町時代の『閑吟集』にも「ふれふれ雪よ、宵にかよひし道のみゆるに」とある。これが今日全国各地に分布する「雪やコンコン霰やコンコン・・・」と同系であり、中古から歌い継がれてきたことがわかる。

　近世以降、子守唄・遊戯歌・盆唄・羽子突唄・手毬唄・天体気象唄等

が次々に生まれ伝承されてきた。

現在残っている「わらべうた」の主なものは、文政三年頃（1820年）に行智が編集した『童謡集』や、天保二年（1832年頃）の小寺玉晃著『尾張童遊集』に集成されたものから、近世初期から伝承されてきたことがわかる。

2　わらべうたの種類

わが国の「わらべうた」の分類は、行智による歌い出しの文句による4種の分類、大和田健樹や小泉八雲による分類が先行する。

明治40年以降、前田林外・童謡研究会・高野班山・大竹紫葉・高野辰之らによって、次々に編纂され分類が行われた。

しかし、分類は割り切れるものではなく、子供唄としながらも労作唄・盆踊唄・婚礼の祝言歌・門附等の芸能が混入するなど、民謡や囃し唄から悪口唄まである。

町田嘉章・浅野建二の分類では、
1、遊戯唄その一（手毬唄・お手玉唄・羽子突唄など玩具を以てする遊戯の唄）
2、子守唄（子守が子供を寝かしつけながら歌う「眠らせ唄」や各種の「遊ばせ唄」）
3、天体気象の唄（風・雨・夕焼・月・霰・雪など自然界の天体気象に関する唄）
4、動植物の唄（雀・蝸牛・蛍・蝙蝠・蜻蛉・烏・土筆・桃・グミ等動物・植物に関する唄）
5、遊戯唄（正月・七草・鳥追い・彼岸・盆・亥の子など年中行事に関する唄）
6、遊戯唄その二（縄跳び・かくれんぼ・関所遊び・子取り・鬼遊び・手合せなど集合遊戯の唄）

7、囃し唄（種々の社会事象に関して唱えことばや囃しことば風に歌われる雑唄）

である。

＊いわゆる悪口唄のような種々の囃し唄は割愛している。

3　日本の「わらべうた」の特質

　町田嘉章（1888〜1981）・浅野建二（1915〜1990）共著による『わらべうた』（岩波文庫　1993年）によれば、わが国の「わらべうた」の特質の第一は、そのほとんどがかなり古い時代から民間の子どもたちに伝承されてきた。年代はおろか作者も地域もはっきりとしていないものが多い。しかしそのすべての「わらべうた」は、特有の素朴で且つ優美な曲調と、二拍子及び四拍子を主とした単純なリズムをもつ。その主なものは、室町以降徳川期から明治末期にかけて発生・流行したものばかりである。その点作者が明確な「唱歌」「創作童謡」とは、一線を画す。

　第二に、「わらべうた」は遊びのための唄が中心を占めているため、遊戯唄の種類が極めて多く、しかも変化に富んでいる。遊戯を面白く連続させるために、歌詞内容にとらわれない名詞の羅列や、数え歌形式やリズム本位のものが目立つ。

　第三に、全国共通の唄が多く、民謡のような郷土特有の曲調を持っているものが少ない。その背景には、唄や遊びの玩具を売り歩く行商人の存在が大きいといえる。

　第四に、子守唄は一般の「わらべうた」の性質と異なる特質がある。それは、大人が子どもに歌いかけるため、眠らない子の威嚇や、子守の労働を自ら慰めるものでもあった。民謡や流行歌との交錯が認められる。

　第五に、「わらべうた」に昔の流行唄や長唄・端唄などの交流の顕著なものがある。「わらべうた」が原型となり流行唄となるものや、現在伝承されている祭り唄となるなど、様々な例がみられる。

第六に、その内容が多彩であることである。特に地名を盛り込んだ唄が特殊な技巧唄がある。長崎の羽子突唄や京都の町名を子どもに教えるための唄がそれである。

　このように「わらべうた」の歴史を辿ってみると、「わらべうた」は古の昔から伝承され、日本の数百年前の韻律を、子どもたちに平易なメロディーと単純なリズムで伝える貴重な文化遺産であり、民族の声だといえる。

第2節　「わらべうた」の今

1　「わらべうた」は失われたか？

　わが国の「わらべうた」は、第1節で述べたように、千年以上の歴史をもち、長い間家庭や子ども集団の中で伝承されてきた。
　しかし今「わらべうた」は子どもたちの間で、うたわれ遊ばれていない。若い子育ての家庭は、子守唄やあやし唄を知らない世代になっている。
　子育て支援の場で、「わらべうたで遊ぼう」という企画を設けると、若い母親たちが興味をもって参加する。遊んだ後の感想には、「知らない歌ばかりだったが楽しかった」が多く、母親自身が「わらべうた」で育っていない、「わらべうた」を知らない世代であることを示している。
　わらべうたは、伝え遊ぶ担い手を失ったように見える。

2　失われた担い手

　なぜ「わらべうた」は担い手を失っていったのだろうか？
　歴史からみると、伝承されてきた「わらべうた」は、子ども集団の遊

びと、大人の子育てをするためのあやしうた・遊びうたとして、継がれてきたものである。「わらべうた」の担い手は、地域社会のこども集団と家族であった。

　明治から始まる学校制度の中で音楽の授業は、西洋音楽を取り入れた唱歌がうたわれ、伝承のわらべうたは、子どもの遊びや家族の子育ての中で生きていた。

　社会が大きく変化し、「わらべうた」が担い手を失っていく過程は、第二次大戦後からの復興・民主化・経済成長と大きく関わっている。

　敗戦後の日本社会は、それまでの家長を中心とした家族形態から夫婦を単位とする家族形態へと大きく転換した。

　夫婦を単位とする「核家族」化は、日本が敗戦から脱却し高度経済成長を遂げるのと並行して進んだ。人々は大都市へ流入し集合住宅へ集まる。夫婦を単位とする家庭は、「わらべうた」を伝える人を失う、都市の発展は、地域で遊ぶ子どもたちから自由に遊ぶ空間を失い、伝えられる遊びやうたが消えていった。

　こうして「わらべうた」は、伝承する人・受ける人・遊ぶ子ども集団・場所を失っていったのだ。

3　新たな担い手

　では、わらべうたは完全に日本の社会から消えてしまったのだろうか？

　「わらべうた」が担ってきたものは、人を育てることだ。

　「わらべうた」遊びは、簡単に子どもと向き合うことができる。泣いている子に「うたいかける」だけである。何の準備もいらない。ただうたいかけ・遊びかける。単純なメロディーとリズム、心地良い言葉、繰り返される優しい声と表情は、子どもを引きつける。肌のぬくもりを感じ合い触れ合う遊びは、親の気持ちを穏やかにする。自然に笑顔になる。

　子どもとの向かい合いに戸惑う若い親子が「わらべうた」遊びをする

と、「この子が可愛い」「大好き」という感情が素直に現れる。体験後の感想に「楽しい」「穏やかな気持ちになる」とあるのは、母親たちの実感だろう。

　消えてしまったかに見える「わらべうた」だが、実は別の場所で生きていた例がある。
　乳児を預かる保育所で、「わらべうた」遊び・あやし唄などが保育者の伝承として存在していた。
　下関市では1995年、市の保育連盟がすべての保育所で伝承の遊びやうたを、２年間にわたり収集したことがある。その際、地域で伝承された歌についてはお年寄りを訪ね、また保育所で歌われてきたうた遊びなどを出来るだけ収録した。収録した数は140曲あまりにのぼった。
　すべての保育所で集めた伝承の遊びは17種類が現在も遊ばれており、家庭や保育所で収集された赤ちゃんのあやしことばは、170種類も記録された。
　「わらべうた」は消えたわけではない。保育所という子育ての場で繋がれていた。

第3節　発達を支えるわらべうた

1　母語を育てるわらべうた

　わらべうたは、日本の長い歴史の中で育まれ伝承されたものである。日本語の母体となる母語でうたわれてきた。母語でうたわれるわらべうたを、子どもが聴くことは日本の文化の歴史をそのまま辿ることになる。
　乳児期にわらべうたを聴き・うたい・遊ぶことで、母国語を豊かに獲得することができる。乳児は、大人からうたいかけられ、遊びかけられ

ることで成長する。

　大人と応答関係を結ぶ最も適した遊びが、わらべうた遊びである。母語で歌われるわらべうたは、単旋律で音域は狭く単純で子どもが真似をしやすい。真似をし、大人から励まされ褒められながら、子どもは成長していく。

2　愛着関係を育てるわらべうた

　大人が子どもに遊びかける遊びは、特に「遊ばせ遊び」と呼ばれる子育ての遊びである。

　大人は遊びを通じて、「子どもが可愛い」「大切だ」「あなたは素敵だ」と子どもに語りかける。いいかえれば、遊びながら子どもと会話をしているのだ。

　大人との遊びを介して、子どもは大人を信じ、大人は子どものすべてを受け入れる「愛着関係」を生み出す。この愛着関係こそ、子育ての土台となるものだ。愛着関係は、丁寧な育児と応答する遊びを通じて育まれる。この応答する遊びにもっとも適しているのが「わらべうた」である。日本のわらべうたは、その特徴として、非常に種類が多い。その中から、大人と遊ぶ「遊ばせ遊びうた」、顔や身体をふれ合う「遊びうた」、うたって聞かせ休息させる「子守唄」、遊戯やしぐさを伴う「うた遊び」等子どもの発達に合わせて選び遊ぶことができる。

3　社会性を育てるわらべうた

　わらべうたがまだ地域で生きていた頃、大人に守られ育った乳児は成長とともに、地域のこども集団へ仲間入りする。

　阿部ヤヱ（1934〜）の伝えた言葉に、『子守のすがた』というのがある。その一節に「農家では、赤ちゃんが生まれたら、昔から伝わるいろいろな唄や語り伝えを用いて育て、やがて、こども集団の仲間入りができるようにしてあげるのが、子守の役目とされていました」とある。

集団で遊ぶには、お互いに決まりを守ることが必要になる。「決まりを守る」のは、その集団を信じ自分の存在を認めてもらうことだ。集団で認められるということは、人と合わせる協調性・問題解決する力・相手を思いやる想像性等が求められる。これこそ子どもたちが身につけてほしい「社会性」の中身だ。子どもは集団のわらべうた遊びで、この社会性を育くむことができる。

社会性は、大人が言葉で教えることはできない。遊びを通し集団の力で培うものだ。

4　音楽性を育てるわらべうた

ハンガリーの音楽家・教育家コダーイ・ゾルターン（Koda'y Zolt'an 1882～1967）は、伝承される子どもの遊戯うたこそが、その民族の音楽の第一歩であるとし、「人間の音楽に対する開眼をもたらすものは、小さい時からの真の音楽の系統的な実現以外にない。そのためには、保育園から始めなければうそである。（中略）もっとも重要なことがらを遊びながら身につけることができる」。

さらにコダーイは、音楽を理解し楽しむことができる国民を育てることを、音楽教育の目的とした。特別な音楽家を育てるために音楽教育をするのではなく、音楽の「読み・書き」のできる人、音楽を楽しむことができる人を育てるということを目的とした。

この音楽性の基礎となるのが、保育園から始まる系統的なわらべうた遊びである。わらべうたの持つ力は、ただ子育てに効果があるというものではない。音楽性を育てるという重要な役割がある。

第4節　保育所の「わらべうた」

子どもの成長を支え音楽性を育てるものとして、保育園でのわらべう

た遊びを考える。

1 乳児保育と「わらべうた」

(1) 0歳児とわらべうた

誕生した子どもの命を守り成長を支える時期である。育児が最も重要になる。1対1の育児で優しく語りかけることは、子どもに安心感を与え情緒は安定する。これが成長の土台となる。

保育士は、丁寧な育児を担当制で確保し、遊びを子どもの成長に合わせて遊びかける。個別の発達に合わせた遊びの計画を立て実践することが必要である。

計画されたわらべうた遊びを介して、愛着関係を確立させ成長を促す。

(2) 1歳児とわらべうた

歩行が可能になり運動機能が育つ時期は、遊びかけるわらべうたが重要になる。「立つ」「歩く」を誘ううたや、玩具を操作しながら遊びかけるうたなど、子どもの成長を促し励ますわらべうたが適している。身体の部位を示す遊びうたや、しぐさを伴い鼓動を感じるうた遊びなど、成長に合わせ種類を増やし計画的に進める。

(3) 2歳児とわらべうた

この時期になると、集団で遊ぶわらべうたが可能となる。まだクラス全員ではなく、興味のある子を中心とした集団で、しぐさを伴う遊戯的な遊びや、列になって歩く「つながり遊び」のわらべうた等で盛んに遊ぶことができる。保育士と一緒に「歩く」「手をたたく」「しぐさをする」等は、音楽の基礎となる拍動をとり表現することにつながる。

集団遊びの第一歩となるこの時期は、簡単なルールを経験することになり、幼児の遊びへと進む。

2　幼児保育と「わらべうた」

(1) 年少児とわらべうた

幼児になったからといって、いきなり集団遊びができるわけではない。年少児はまだ互いに声を聞き合うことはできない。むしろ、歌うことが重要になる。保育者は「清潔にうたう」ことを常に意識する。

集団遊びでは、円になって軽く手を振りながらうたう。鬼になったら「好きな子」と交代する。鬼のシンボルは（布等をもって）目に見えるようにする。初歩的な集団遊びを計画することが必要になる。

(2) 年中児とわらべうた

「聴く」ことが上手になり、初めてのうたでもうたえるようになる。さらに手をつないでうたいながら「歩く」という段階に入る。

集団遊びのルールの理解がすすみ、鬼になったらうたが終わって交代することや、円をつくって維持することができるようになる。集団遊びの楽しさを全員で協力しながら味わうことが可能となる。

保育者は、「課業」や戸外での遊びを十分経験できるように計画する。

(3) 年長児とわらべうた

集団遊びを十分に楽しむことができる段階になる。より複雑なルール（減り増える遊び・問答遊び等）を理解し、自分たちでルールを変えて遊ぶことなど、自発的な遊びも見られるようになる。

音楽性を意図した「課業」を計画し実践できるようになる。音の強弱・高低・大小・音色・内的聴感・楽器の演奏（リズム）等、多岐にわたる遊びを、わらべうたをベースにして展開する。

わらべうたの音域の狭さは、子どもの耳を鍛え「よい耳」を育てる。単旋律は真似しやすさと創造性を育む。0歳児からうたわれてきたわらべうたは、子どもの音楽性を育てる母体となるのだ。

人が人らしく生きていく力の基礎は、乳幼児期の育ちにある。かつて子育ては、大家族や地域が親と共に担ってきた。そこでは、大人がわら

べうたで関わり、こども集団はわらべうた遊びをすることで、地域の中で育っていた。

今その時代に戻ることはできない。

遠野に生まれ育ちわらべうたの伝承に大きく貢献した阿部ヤヱの言葉に「遠野には『孫ァ生まれるずど、そのえ（家）さ、馬鹿ァ３人でる』という諺があり、大人が真剣に赤ちゃんを相手に、なりふり構わず歌い続けた」とある。

「関わり方がわからない」「自信が持てない」という親や、子育てに重要な役割を果たす保育者達に、この言葉とわらべうたを届けたい。

「なりふり構わず、真剣に」子どもとわらべうた遊びで関わることで、「子育て」の確かな一歩を、踏み出していくことができる。

わらべうたの持つ力は、単なる癒しや郷愁ではない。目の前にいる子どもたちが生き生きと遊びながら、音楽の基礎である「聴く」こと、学びの基礎である「聞き・好奇心をもつ」こと、そして社会で生きていく力「社会性」の基礎が育つことにある。

わらべうたが「子育て」「親育て」に、大きな役割があることを理解してほしいと願っている。何よりも、子どもとわらべうたで遊ぶのは、楽しく幸せなのだから。

【引用・参考文献】

町田嘉章・浅野建二共著『わらべうた』岩波書店、1993年

下関保育連盟編集委員会編『下関の伝承遊び』下関市保育連盟　1995年

コダーイ芸術教育研究所編『わらべうた　わたしたちの音楽〜保育園・幼稚園の実践』明治図書、2008年

「げ・ん・き」編集部編『生きる力を育むわらべうた―わらべうたは人生の入口』エイデル研究所、2001年

阿部ヤヱ『遠野のわらべ唄の語り伝え―人を育てる唄』エイデル研究所、1998年

コダーイ芸術教育研究所編『保育園・幼稚園の音楽―わらべうたの指導―』（コダーイ芸研選書1）明治図書、1975年

フォライ・カタリン、セーニ・エルジェーベト共著『コダーイ・システムとは何か？〜ハンガリー音楽教育の理論と実践』全音楽譜出版社、1975年

中川弘一郎編著『コダーイ・ゾルターンの教育思想と実践――生きた音楽の共有を目指して』全音楽譜出版社、1980年

（**大倉眞壽美**）

第6章 実践の場で活用できる保育教材研究

第1節 幼児教育における教材研究の重要性

1 幼児教育における教材研究の重要性

　環境を通して行う幼児教育を実現する上で、保育者による物的・空間的環境の構成は、極めて重要な意味をもつ。その環境構成の重要性について、平成29年3月告示「幼稚園教育要領」においては、**図表1**に示したように、「教材」という視点から示されている。遊びの質を高める教材の教育的価値とともに、保育者による継続的な教材研究の重要性がそこに明示されている。日々の教材研究は、保育者が様々な素材の特質や特徴に対する理解を深めたり、幼児の実態に応じて提示していく方法を明らかにしたりする上で、必要不可欠なものであり、改めて考究されるべき実践的課題である。そこで、本書では、幼児教育における教材のもつ意味とその活用について、実践事例に基づいて論じていくこととする。

図表1　「幼稚園教育要領」に示された教材研究の重要性

教師は、幼児の主体的な活動が確保されるよう幼児一人一人の行動の理解と予想に基づき、計画的に環境を構成しなければならない。この場合において、教師は、幼児と人やものとの関わりが重要であることを踏まえ、教材を工夫し、物的・空間的環境を構成しなければならない。また、幼児一人一人の活動の場面に応じて、様々な役割を果たし、その活動を豊かにしなければならない。 ［文部科学省、2017年］

第2節 幼児教育における教材のもつ意味

1 「幼稚園教育要領」に示された教材観

「幼稚園教育要領」において述べられている「教材」は、一つに、教師が意図的・計画的に、幼児の実態に応じて提示していく物的・空間的環境という点から指し示されたものである。そして、二つに、幼児が能動的に環境に働きかけながら、諸感覚を働かせ、試行錯誤したり、思いを巡らせたりしながら学んでいくという「幼児教育における見方・考え方」を生かした学びの過程をつくり出す物的・空間的環境という点において指し示されたものである。この「幼児教育における見方・考え方」を生かした学びの過程は、他方では、「主体的・対話的で深い」学びの過程という言葉を用いて述べられている。

こうした学びの過程と関連づけて考えると、幼児教育における教材のもつ意味は、次のような3つの観点から指し示すことができる。

幼児教育における教材とは、

(1)「周囲の環境に興味や関心をもって積極的に働きかけ、見通しをもって粘り強く取り組み、自らの遊びを振り返って、期待をもちながら、次につなげる」という「主体的な学び」の過程において提示されたり、幼児同士、あるいは、幼児と教師によってつくり出されたりするものである。

(2)「他者と関わりを深める中で、自分の思いや考えを表現し、伝え合ったり、考えを出し合ったり、協力したりして自らの考えを広げ深める」という「対話的な学び」の過程において提示されたり、幼児同士、あるいは、幼児と教師によってつくり出されたりするものである。

(3)「直接的・具体的な体験の中で、「見方・考え方」を働かせて

対象と関わって心を動かし、幼児なりのやり方やペースで試行錯誤を繰り返し、生活を意味あるものとして捉える」という「深い学び」の過程において提示されたり、幼児同士、あるいは、幼児と教師によってつくり出されたりするものである。

つまり、幼児教育における教材は、単に、教師が意図的・計画的に提示する環境という意味において考えられるのではなく、幼児がその環境と関わりながら、その環境を自身にとって意味ある教材へとつくり変えていくものとして意味をもつものである。

2 幼稚園における研究・実践の中から生み出された教材観

幼児教育における教材の意味について考える際に重要な示唆を与えるものとしては、鳴門教育大学附属幼稚園において命名された「遊誘財」という考え方がある。「遊誘財」とは、「子どもたちが興味関心をもって惹き付けられ、様々に感じ、気付き、夢中になって遊び込み、そのものの本質やおもしろさに迫り、その中から豊かな感情や多様な学びが得られる、このような、子どもたちを遊びに誘う「環境」を、私どもは「遊誘財」と命名した。単なる素材や教材の「材」ではなく、宝としての「財」である」と、定義されている。なお、「遊誘財」は、「砂・土・泥・水など」「植物・動物など」「造形遊具・玩具・教材など」「記念物など」「表現文化」「生活文化」の6つの観点から整理されている。

図表2に示したように、「砂・土・泥・水など」の「遊誘財」は、幼児自らが主体的に関わる対象であり、幼児が好奇心を抱きながら、試行錯誤したり、思いを巡らせたりしながら、関わりを深めていく対象として捉えられている。そうした対象との関わりを深めていく過程に、知識や技術、思考方法を獲得していこうとする探究が生まれ、他者との「協力や協同の能力が育ちはじめるとも述べられている。このような「遊誘財」のもつ意味を捉えるとき、教材研究の際には、教材そのものの特質や特徴などを研究することだけではなく、幼児一人ひとりの教材との深

図表2　遊びを誘発する「遊誘財」

優れた遊誘財は、以下のような流れで遊びを誘発するものと考えます
① 子どもたちに好奇心や興味を刺激し
② 子どもたちが自発的に対象を操作することで対象に変化を引き起こし
③ その変化に「なぜだろう？」と考えることをはじめ
④ 何かの因果関係やつながりなどに気づきはじめ
⑤ 面白い、驚き、好奇心、感動が生まれはじめ
⑥ 繰り返すなかで知識や技術、思考方法を獲得しはじめ
⑦ 何度もそのような仮説（過程）を繰り返すことで、目的をもって取り組むことをはじめ
⑧ 目的が達成されると達成感や精神的充実感により自信や有能感をもちはじめ
⑨ 自分たちがどのような可能性をもっているかが分かりはじめ
⑩ それらのサイクルが友達同士で行われることで人間を理解し、関係を創造（調整）する力が形成されはじめ
⑪ 協力や協同の能力が育ちはじめ
⑫ 組織・集団（社会）への参加することの大切さや必要性を身につけはじめ
など

[鳴門教育大学附属幼稚園、2010年]

い関わりやその往還をどのようにつくり出していくという視点から考究されていかなければならないであろう。

第3節　実践事例「影あてゲーム」（5歳児）
－山梨学院大学附属幼稚園における実践例－

　幼児一人ひとりが、さらには、幼児同士で、教材との深い関わりを追究していった実践事例として、学校法人山梨学院大学附属幼稚園における実践事例「影あてゲーム」（5歳児）を取り上げる。この実践事例は、公益財団法人ソニー教育財団「ソニー幼児教育支援プログラム 幼児教育保育実践サイト」（http://www.sony-ef.or.jp/sef/preschool/）において紹介されているものである。幼児期の「科学する心を育てる」保育実践の一環として、光と影という自然の現象を教材として深められた実践事例である。

影遊び〜体験の深まり〜

－山梨学校法人山梨学院　山梨学院大学附属幼稚園－
実践事例「影あてゲーム」

1. きっかけ

- 5月（2012年）の金環日食をきっかけに、光や影への興味・関心が高まっていろいろな遊びが生まれていた。
- 9月中旬のある日、園庭に面した廊下に、遊びに使っていたペットボトルが横向きに倒れて転がっていた。その影を不思議そうに見つめていたBちゃんが、今度は、自分でペットボトルの置き方を変えては影の形を変え遊び出した。

　　　Aちゃん：「何してるの？」
　　　Bちゃん：「見て、見て、おもしろいよ！向きを変えると影も
　　　　　　　　変わるよ」
　　　保育者「本当だ！おもしろいね！」と、言い発見を一緒に喜んだ。
　　　Bちゃん：「どこに太陽の光があたっているのかな？」「ここか
　　　　　　　　な？」
　　　Cちゃん：「僕もやってみたい！！」
　　　Aちゃん：「同じペットボトルだけど、縦と横で違うんだ！」

- 保育者は、すぐには答えを伝えず見守った。自分たちで発見して欲しいと思いから、「他にもあるかなぁ？」と言葉をかけた。

<u>保育者がうれしく思った「科学する」子どもの姿</u>
法則（物の置き方と影の関係）に関心をもつ　試す　気づいたことを伝え合う

2. いろいろなもので試す

- その後も子どもたちは、素材置き場からティッシュの箱、トイレットペーパーの芯、牛乳パックなどを持ってきては、影を作って楽しそうに試していた、気付いたことを伝え合っていた。そして、影の濃さにも興味をもってきた。
- 保育者は、影の濃さにも興味をもち始めていた子どもたちの様子を見守っていた。この遊びがクラスの子どもたちにも広がっていって欲しいと思い、クラスみんなの前で、それぞれが、発見したことを発表する場面を作った。

<u>保育者がうれしく思った「科学する」子どもの姿</u>
法則（物の影の濃さの関係）に関心をもつ　試す　気づいたことを伝え合う

3. OHPで…

- 10月上旬より「いろいろな物に光をあてて、どんな影になるのか試してみよう」という遊びが、クラスに広がっていった。
- そこで、金環日食の時にも遊びの中で使ったOHPと、ハンガーかけに和紙をかけて作ったスクリーンを保育室に置いておいた。子どもたちは大喜びで、OHPの光を利用していろいろな影を作ろうとした。
- 子どもたちは、「どこに立ったら映るのか」「どんな感じに映っているのか？」など観察し、どのような影を出すかを試行錯誤していた。

<u>保育者がうれしく思った「科学する」子どもの姿</u>

> 試す　いろいろな角度から考える

4. クイズに発展

> ・10月下旬、子どもたちは、徐々にスクリーンとOHPの間に物を持ってくると影がよく映ること、自分の体の影で映したい物の影を消してはいけないことなどを発見していった。しばらくすると子どもたちは、スクリーンを段ボールの上に載せ、自分たちの体と影と重ならないよう工夫していた。
> ・影を上手に映せるようになると、「タンブリン」「ラップの芯」などいろいろな物を集めてきて、「これ、なんの影かわかる？」と友達にクイズを出して遊び始めた。手で「犬」や「チョウチョ」を形づくり、「なぁんだ？」と遊ぶ姿もあった。クラスみんなの「影あてクイズ」が生まれた。
> ・保育者は、スクリーンを段ボール箱に載せるという子どもたちの工夫に驚いた。しかし、さすがに危ないと感じ机を持ってきた。自然に「影あてクイズ」が生まれてくる様子を嬉しく思った。
>
> <u>保育者がうれしく思った「科学する」子どもの姿</u>
> 試す　工夫して問題を解決する（スクリーンを高くする）　推測する（影がどう映るか考える）

5. 試行錯誤しながら

> ・その後、5歳児の他のクラスの友達や、3歳児・4歳児の友達を招いては、「影当てクイズ」を楽しそうにしていた子どもたち。そして、机の上にスクリーンを載せると、「赤組（3歳児）さんには高すぎて、見えづらい」と考えて、再びスクリーンを床に降

ろした。自分たちはスクリーンの左右に立ち、手を伸ばしたり、スクリーンの裏に低い台を置いて、その上に物を置いたりという工夫をするようになっていった。

 Aちゃん:「これ、なぁんだ？！」
 Bちゃん:「ペットボトル！簡単！」（お客さん）
 Cちゃん:「すぐ当たっちゃうよ」
 Aちゃん:「じゃぁ、難しいの探してきてよ」
 Cちゃん:「えー、もういっぱい持ってきたよ」
 Dちゃん:「これ、なぁんだ？！」
 Eちゃん:「聖火の下のところ！」（お客さん）
 Dちゃん:「もう、すぐ当たっちゃう・・・」

・正解が出にくそうな物を集めてきたつもりが、すぐに正解されてしまうことが続いた子どもたちは、なんかもっと問題を難しくしたいと考え出した。
・そこで、保育者は「どう置いたら、分かりづらいんだろうね？」とつぶやいた。ある子どもの気付き（廊下に転がっていたペットボトルの影に興味をもったこと）から始まったこの遊び。「同じペットボトルでも縦と横に置いた時に影は違う」ことへの気付きを活かして欲しいと思っての言葉かけだった。子どもたちはその後、何度も試すことで、置き方を工夫しながら出題するようになっていった。

> **保育者がうれしく思った「科学する」子どもの姿**
> 試す　法則（物の置き方と影の関係）に関心をもつ

6. 活動を振り返って

- 5月の金環日食は、子どもたちの光と影への興味・関心を驚くほどに高めた。その体験から3月の卒園までずっと、子どもたちは光と影にまつる遊びを様々に繰り広げていった。
- もっと楽しい「影あてクイズ」のしたい、その願いが子どもたちを突き動かし、いつしか夢中で探究していた。友達と共に試行錯誤を繰り返しながら、影にかかわる法則に少しずつ気付いていった子どもたち。仲間との目的や願いの共有が、協働した探究を生み出していったのだと思う。

> **保育者がうれしく思った「科学する」子どもの姿**
> 試す　工夫して問題を解決する（スクリーンを高くする）　推測する（影がどう映るか考える）

　以上に記載した「影あてゲーム」の実践事例を読み取るとき、幼児教育における教材は、保育者が子どもたちの気付きや発見、疑問などをよく見取り、「タイミングをとらえて保育者も疑問を投げかけたり、アイデアを出したりするなど、子どもの視点に立った援助と環境の工夫」がなされている過程に生きて働くものであるといえる。そうした教師の幼児理解に基づいた教材の提示は、幼児同士で考えを出し合いながら、影が濃く出る方法を探究したり、試行錯誤して問題を解決したりするなどの「深い学び」の過程の創出へとつながるものである。

　幼児の「主体的・対話的で深い学び」を確かにするためには、保育者による深い幼児理解とともに、幼児が教材といかに関わるのか、そうした幼児と教材との往還を見通した教材研究が必要不可欠となるのである。

【引用・参考文献】

公益財団法人ソニー教育財団 ソニー幼児教育支援プログラム『「科学する心を育てる」実践事例集vol.11』2014年、p21

公益財団法人ソニー教育財団「ソニー幼児教育支援プログラム 幼児教育保育実践サイト」

〈http://www.sony-ef.or.jp/sef/preschool/〉（2017.11.28最終アクセス）

鳴門教育大学附属幼稚園「遊誘財〜砂・土・泥・水など〜 No.1」2010年

文部科学省『幼稚園教育要領』フレーベル館、2017年

（小尾麻希子）

第7章　幼小接続におけるカリキュラム研究
―「道徳性」の育成―

　本章では、幼小接続・連携教育の在り方において、幼児教育と小学校教育がどのようにつながるかということに注目し、その接続・連携の課題について考え、幼小接続における道徳性を育成するカリキュラムの在り方について考えていきたい。次に、道徳性を培うためのアプローチカリキュラム、スタートカリキュラムが、幼小接続の中で一貫性のある教育活動として位置づけられることの重要性について考えていきたい。以上の点において、幼小接続における計画的な指導や教育活動を展開しているフィールド（鎌倉女子大学幼稚部・初等部における接続・連携の実践）を提示し述べていくこととする。

第1節　継続的な課題としての幼小接続・連携教育

1　幼小接続・連携教育の課題

　今回の幼稚園教育要領及び小学校以降の学習指導要領の改訂では、子ども主体の「発達や学びの連続性」を踏まえ、学校段階等間の接続・連携教育が一層推進されている。その円滑な接続を図ることを目指し、幼稚園と小学校の教師が「幼児期の終わりまでに育ってほしい姿」を共有することの必要性が盛り込まれている。「幼児期の終わりまでに育ってほしい姿」を手がかりに、幼稚園と小学校の教師が共に幼児の成長を共有することを通して、幼児期から児童期への発達の流れを理解すること

が求められる。子どもの発達を長期的な視点で捉え、互いの教育内容や指導方法の違いや共通点について理解を深めることが大切である。

　幼小接続・連携の課題は、最近になって取り立たされた課題ではなく以前より指摘されている。わが国の幼児教育・保育学研究をリードしてきた一人である倉橋惣三（1882〜1955）は、論文「幼稚園から小学校へ—幼稚園と小学校幼年級の真の連結—」の中で「幼稚園と小学校を離さないで結び付けていこうとするには、二つの方法がありましょう。一つは教育行政の上から教育系統というものを立て変えることであります。それから一つは教育の行政における系は必ずしも幼稚園と小学校とを一つに結び付けないでも、その教育の方法においてその関係を見だしていくということです」と述べている。なお、後者の方法においては、「八歳までの一系統、小学校低学年のありかたとして幼稚園でやっているのと同じようなプロジェクトの生活、自分の目的を自分で解決していく、あるいは具体的な製作の生活が本体となっていく時に、幼稚園と小学校との本当の連結がつくのではないだろうか」と論を展開している（『幼児の教育』1923）。つまり、倉橋が指摘した点は、無論現代の保育・教育事情とは異なるが、戦前から幼小接続・連携が大事なこととして認識され、小学校低学年の授業の在り方の見直しと、幼稚園教育で育まれた生活の一層の充実が小学校教育に求められていることにある。改めて現代の学校現場においても、子ども主体の遊びを中心とした保育・幼児教育に、どのように小学校の教科中心の教育と連続性をもたせていくのか、これからの学校間の接続・連携実践にも継続されるべき課題でもある。

2　幼小接続・連携への具体的な取り組み

　幼児教育と小学校教育のカリキュラムを円滑に接続することは教育の大きな課題の一つである。しかし、最初からカリキュラムをつなぐことを意識しても、漠然としすぎてうまくいかない。勿論、時間や労力はか

かるが、幼稚園と小学校の教師が、幼児期から児童期への「接続期」における成長発達段階を踏まえ、教育目標や「建学の精神」(教育理念)に基づき、幼小接続のカリキュラム・デザインを検討する必要がある。

【幼小教師間の共通意識・取り組み】
・幼小の教師双方からの教育や子どもの発達の姿、指導の在り方、情報提供等の話し合い・研修を行う。
・互恵性をはぐくむ幼児と児童の交流活動(年間行事、生活科、総合的な学習等)を行う。

　幼児期の教育と小学校教育では教育内容や指導方法等の独自性があるが、子どもの発達や学びは連続しており、そもそも子どもの生・生活・生命(Leben)の連続発展観に立つと、幼稚園から小学校への移行・連結を円滑にすることは必然なことである。教育学・保育学研究者の荘司雅子(1909～1998)も述べているように、子どもの健全な発育や人間形成を促す過程において、「前の時期の成長が完成すれば、それが自然に次の時期に移行」し、「これが生命の自然の発達」になるのである。このような子どもの心身の成長発達や自然の内面的な移行を考えると、「幼稚園の教育内容や教育方針が、自然に小学校低学年に移行する」ことが重要であり、幼小の教師が相互に教育内容を理解し、指導方法の工夫や改善をするなどして、幼稚園と小学校との接続・連携を積極的に推進することが求められる。

3　幼小接続・連携における学びの意義

　幼児期の教育と児童期の教育の在り方を、学びの基礎力の育成という一つのつながりとしてとらえる必要がある。幼児期から児童期の学びについては、「これまで経験し理解していたことが、何らかのきっかけから、興味や注意を向けて関わることになり、新たな面や新たな関係に気づき、これまでに理解し身につけていたことと、新たな気づきがつながり、理解が広がり深まる過程であり、それによって新たなやり方ができ

るようになっていく過程」である。つまり、幼児期においては、学ぶということを意識しているわけでないが、楽しいことや好きなことに集中できる遊び事態に学びがあり、幼児なりに気づき疑問をもち、様々なことを考えたり、試したりしながら、自らの課題を探究、解決していくことのなかに「学びの芽生え」がある。

　児童期においては、学ぶということについての意識があり、集中する時間とそうではない時間（休憩の時間等）の区別がつき、与えられた課題を自分の課題として受けとめ、計画的に学習を進めることで「自覚的な学び」が形成されるのである。小学校以降の学習につながる学びの芽生えがそこに認められるからこそ、幼小は学びによってつながっているものととらえられることができる。特に接続期においては、学びの芽生えから自覚的に学ぶ意識の変容と両者の学びの調和のとれた教育を展開することが必要である。

第2節　幼小接続における道徳性の育成

1　育みたい道徳性の芽生え

　学びの基礎力の育成において重要なのは、子どもが人やものに興味をもって関わる中で、人間関係が深まり、学び合いながらある目的に向けて共に協力していくことが可能になることである。そして、他の仲間と共通の目的を見出し協同して遊び、共感し合いながら学ぶことができるようになることである。集団活動の中で、子どもたちが共通の目的をもち、遊びや学習などの活動を展開しながら、人・ものと関わることの充実感を体験し、自由で自律した個人として自己発揮と自己抑制を調整する力を育むことにより、他者に対して建設的な関わりをもち自立への基礎を養うことになる。

2 道徳性を育む教育の構想

　自他や集団・社会、自然との関わりの中で、道徳心・道徳性を培うことは、幼児教育や小学校教育にも一貫して位置づけられる主要な指導項目の一つである。道徳心は「社会における善悪の判断基準として、一般に承認されている規範を守って、それに従おうとする心」である。ただ守り従うだけではなく、より理想的なものを求め実現しようとする心も道徳心である。これは、学習指導要領でいう道徳性とほぼ同義語でもあるが、道徳性（思考・判断力、心情、実践意欲・態度）を支える倫理的価値に関わる心情・心的態度である。子どもにとっては、道徳性の芽生えは規範意識の芽生えでもあり、協同的な活動・体験の育ちや子どもの心理的発達の面からも深く関連している。つまり、道徳性の形成は、仲間集団との関わりや生活を通して、社会的規範や慣習的規範が子ども個人に内面化され、行動の自己抑制や自己調整をともなうことから規範意識の芽生えにもつながるのである。

第3節　幼小接続のカリキュラム編成

1　幼小接続カリキュラムの実践

　幼小接続に関する実践は、建学の精神・教育目標を中核として、子どもたちにいろいろなもの（「人・もの・時」）とのかかわりの中で、道徳性の育成を重視したカリキュラムの構築及び教育活動に取り組んでいる。幼小接続にかかわる活動を設定するに当たり、道徳性を育むための環境と援助の在り方という観点から、幼小の教師が目標を共有し、子どもへの支援・改善を図っている。
　〈人とのかかわりを通した伝え合い〉

交流活動において、児童に優しくしてもらったことで年長幼児も自分から積極的に活動し、児童も自分より幼い子に自然に優しく接することができようになる。

〈ものとのかかわり通した伝え合い〉

小学校の授業（生活科「水・プール遊び」「秋遊び」、行事参観・参画）を一緒に行い、学校生活を知ることで、小学生になることへのあこがれ、喜び、安心感・期待感へとつながる。

〈時とのかかわり・共に在る時間〉

自分を認めてもらい、受けとめてもらえる安心感をもつことができ、その関わり中で年長幼児も児童も共に自分の気持ちを素直に表現したり、相手に伝えたりできるようになる。

幼小接続・連携における交流活動を通して、子ども同士が互いに自己の成長の姿を重ねることが可能となり、より深く自他とのかかわりを共有することができるようになる。

2 アプローチカリキュラムの実践

小学校への接続のためのアプローチカリキュラムの中心は、幼小の交流活動である。幼小の交流活動は、児童にとっては年下の子を導いたり、優しく接したりする経験を与えられ、また、幼児期の自分を幼児に投影することで自己の成長を実感することができる。幼児にとっては、小学校へのあこがれの気持ちを抱いたり、児童の活動を手本として、自分の活動に生かしたりすることができる。このような幼小の交流活動は、単なる交流に留まるのではなく、互恵性のある交流活動にしていかなければならない。

児童が交流活動を主として実践する場合も、ある特定の学年のみではなく、様々な学年の児童と幼児が繰り返し出会うことで相互の関係が深くなり、異年齢との交流でより多く学ぶことができる。それぞれの交流活動は、活動場所（幼稚園、小学校、他の施設）、活動の単位（個別・

ペア・グループ・集団)、支援の主体(児童、幼稚園・小学校の教師)、活動の選択(自由遊び、企画された遊び、学習)などに段階をつけ、幼稚園型の遊び・教育から徐々に小学校型の遊び・教育になるようにする。

　小学校入学を間近にひかえた2月・3月には、「小学校1日体験」(年長幼児との連携及び小学校・新入生のための連携)を行っている。幼稚園の年長幼児が小学校にきて一年生と一緒に授業を受け、休み時間を体験する。この時期の幼児は、「小学校では、勉強をがんばるぞ！」「小学校は、どんなところだろう？」などと小学校へのあこがれと不安を抱えている。この不安の部分を解消したいということで、段差をなくせばよしとする連携の単純な考え方でよいということではいけない。幼稚園とは違う段差をあこがれとして見ているものも多いはずである。また、子どもは不安という段差や危機という内面的な非連続を乗り越えるからこそ成長するという面もある。幼児に幼稚園と小学校の違いを入学前に知らせておく手立てとして、また段差や非連続に対する心構えとして小学校一日体験を行うことは有意義なことである。

3　スタートカリキュラムの実践

　スタートカリキュラムでは、学級生活・遊びの環境や友達関係を広げ、集団生活に慣れさせることをねらいとしている。そこで、生活科と国語科との合科的な指導を意識したスタートカリキュラムの編成を試みた。スタートカリキュラム編成においては、生活科を学習の中核におき、幼小の教師が子どもの幼稚園での生活や教科学習への接続を観点として協議し編成を行った。

　生活科においては、「名刺交換」や「学校探検」の単元の学習をする際には、道徳性の育成を目指して「基本的な礼儀作法」としての礼法指導や、国語科では「挨拶の仕方」「礼節ある態度」「質問の仕方」などを学習することにした。また、先生にインタビューして分かったことや「伝えたい」という意欲を生かして、国語科や図画工作において文や絵

で表すなど、それぞれの教科のねらいを踏まえた表現活動を合科的に行った。発表会などを通して、まとめたことを友達に伝え合うことは、よりよい価値の追究のために各々が考えを巡らせて表現し合い、「主体的な伝え合いを通して、深め合う」力の育成に繋がることになった。

　スタートカリキュラムにより、限れた時間の中で余裕をもって有機的な学習を展開することができた。このことは、仲間の一員として共に生活を織りなしていく大切な児童の姿であり、これらの経験を積み重ねていくことで、一年生の学校生活への意欲や協同性をより高めることに繋がったと考える。

　「学校探検」を通して、様々な力を身につける子どもたちであるが、その手段が、各教科等と密接につながっている。例えば、職員室や教室の入り方に関わって、国語の教科書を開いて、挨拶の仕方を学習する。発見したことを発表し合うときは、同じく国語の話し方、聞き方を学習する。一年生は、「もう小学生です。」という自信から、早く教科書を開いて、一人前のように自分の机で学習したい。そういった意欲ある自己表現の姿は、スタートカリキュラムとして各教科等の学習に繋げられる動機や要因として欠かせないものとなっている。

4　幼小連続・連携を担う教師の意識

　幼児期が「生涯にわたる人格形成の基礎を培う重要な時期」と明確に位置づけられたことで、小学校との接続を見据えた「育成すべき資質・能力」の3つの柱の観点から、「教育目標・内容と指導方法、評価の在り方を一体として検討する」ことの必要性が求められている。道徳性を育むことに着目したが、先を急がず、今の「時」に何が育つとよいのかを見据えて、よりよい育ちの見通しをもち「関心・意欲・心情・態度」が養われるよう指導していかなければならない。子どもたちは、他者と共に在ることに気づき、友達の思いに触れ、かかわりを深め合っていく大切な時間を学校生活で過ごしている。子どもたちが互いを大切な存在

として感じ合い、繋がり合っていく幼小接続・連携の取り組みが必要である。フレーベル（Fröbel, Friedrich Wilhelm August. 1782-1852）は、著書『人間の教育』（Die Menschenerziehung, 1826）において、「全体としての人間」「生の合一としての人間」を理想としている。人間らしい成長や学びが幼児期・児童期それぞれに固有にあり、幼児期の学びが積み重ねられて小学校以降の児童期の成長へと繋がり、全体としての自己が形成される。幼小接続・連携の教育実践の積み重ねにより、幼児・児童の実際の姿や教育内容への相互理解を深め、子どもを中心とした教師間の関係・意識が確かなものになり、指導の改善・充実がさらに図られていくことが望まれる。

【引用・参考文献】

津金美智子編著『平成29年版新幼稚園教育要領ポイント総整理幼稚園』東洋館出版社、2017年

安彦忠彦編著『平成29年度版小学校学習指導　全文と改訂のピンポイント解説』明治図書、2017年

倉橋惣三「幼稚園から小学校へ―幼稚園と小学校幼年級の真の連結―」『幼児の教育』23（4）フレーベル館、1923年　pp.133-139

荘司雅子『幼児教育概論』福村出版、1967年　p.169

酒井　朗・酒井紘子共著『保幼小連携の原理と実践―移行期の子どもへの支援―』ミネルヴァ書房、2011年

林　邦雄・谷田貝公昭監修　大沢裕・高橋弥生編著『保育内容総論』（保育者養成シリーズ）一藝社、2012年

田中智志・橋本美保監修　山内紀幸編著『教育課程論』（新・教職課程シリーズ）一藝社、2013年

フレーベル、荒井　武訳『人間の教育』（上・下巻）岩波文庫、1964年

（中島　朋紀）

第8章　諸外国における子育て支援

第1節　諸外国の合計特殊出生率の推移

　諸外国（フランス、スウェーデン、アメリカ、イギリス、ドイツ、イタリア）の合計特殊出生率の推移（表1）をみると、1960年代までは、全ての国で2.0以上の水準であった。その後、1970年から1980年頃にかけて、全体として低下傾向となった。1990年頃からは、合計特殊出生率が回復する国もみられるようになってきている。
　特に、フランスやスウェーデンでは、出生率が1.5～1.6台まで低下した後、回復傾向となり、直近ではフランスが2015年に1.92、ス

表1　諸外国の合計特殊出生率の推移

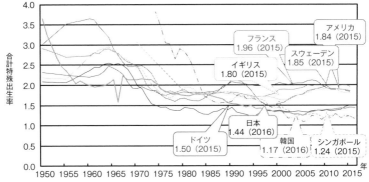

資料：人口動態統計（日本）、UN「Demographic Yearbook」、Eurostat 等

ウェーデンが1.85となっている。
　わが国の出生率は国際的に見ても低い水準にあり、少子化対策、子育て支援は最重要課題となっている。本章では、日本と諸外国（フランス、フィンランド、韓国）の子育て支援の実態を示し、諸外国における子育て支援に関する先進的な取組を紹介する。

第2節　日本における子育て支援

1　日本の少子化対策、子ども・子育て支援の概況

　1990年の「1.57ショック」を契機に、政府は、出生率の低下と子どもの数が減少傾向にあることを「問題」として認識し、子どもを生み育てやすい環境づくりに向けて、諸般の対策を行ってきた。1994年12月、今後10年間に取り組むべき基本的方向と重点施策を定めた「今後の子育て支援のための施策の基本的方向について」（エンゼルプラン）（文部、厚生、労働、建設の4大臣合意）が策定された。また、1999年12月、「少子化対策推進基本方針」（少子化対策推進関係閣僚会議決定）と、この方針に基づく重点施策の具体的実施計画として「重点的に推進すべき少子化対策の具体的実施計画について」（新エンゼルプラン）（大蔵、文部、厚生、労働、建設、自治の6大臣合意）が策定された。
　2004年12月、大綱に盛り込まれた施策の効果的な推進を図るため、「少子化社会対策大綱に基づく具体的実施計画について」（子ども・子育て応援プラン）を少子化社会対策会議において決定し、国が地方公共団体や企業等とともに計画的に取り組む必要がある事項について、2005年度から2009年度までの5年間に講ずる具体的な施策内容と目標を掲げた。2010年1月の少子化社会対策大綱（「子ども・子育てビジョン」）の閣議決定に合わせて、少子化社会対策会議の下に、「子ども・子育て

新システム検討会議」が発足し、新たな子育て支援の制度について検討が行われた。

2012年3月には、「子ども・子育て新システムに関する基本制度」を少子化社会対策会議において決定した。これに基づき、政府は、社会保障・税一体改革関連法案として、子ども・子育て支援法等の3法案を2012年通常国会（第180回国会）に提出した。

社会保障・税一体改革においては、社会保障に要する費用の主な財源となる消費税（国分）の充当先が、従来の高齢者向けの3経費（基礎年金、老人医療、介護）から、少子化対策を含む社会保障4経費（年金、医療、介護、少子化対策）に拡大されることとなった。国会における修正を経て成立した、子ども・子育て支援法等に基づき、政府において子ども・子育て支援新制度の本格施行に向けた準備を進め、2014年度には、消費税引上げ（5％から8％へ）の財源を活用し、待機児童が多い市町村等において「保育緊急確保事業」が行われた。

都市部を中心に深刻な問題となっている待機児童の解消の取組を加速化させるため、2013年4月には、2013年度から2017年度末までに約40万人分の保育の受け皿を確保することを目標とした「待機児童解消加速化プラン」を新たに策定し、2015年度からの子ども・子育て支援新制度の施行を待たずに、待機児童解消に意欲的に取り組む地方公共団体に対してはその取組を支援してきたところであり、その結果、待機児童解消に向けた「緊急集中取組期間」である2013年度及び2014年度において、約22万人分（当初目標値20万人）の保育の受け皿拡大を達成した。今後、女性の就業率上昇が更に進むことを念頭に、2017年度までの整備量を上積みし、40万人から50万人とすることとし、待機児童の解消を目指すこととしている。

2012年に成立した子ども・子育て関連3法に基づく「子ども・子育て支援新制度」について、2015年4月1日から本格施行された。

2016年通常国会において、子ども・子育て支援の提供体制の充実を

図るため、事業所内保育業務を目的とする施設等の設置者に対する助成及び援助を行う事業を創設するとともに、一般事業主から徴収する拠出金の率の上限を引き上げる等の「子ども・子育て支援法」（平成24年法律第65号）の改正を行い、同年4月に施行された。

2017年度からは、閣議決定されたニッポン一億活躍プランに保育人材の確保、待機児童の解消、社会保障、子育て支援などの政策が反映されている。

2 子ども・子育て支援新制度の内容

子ども・子育て支援新制度の主なポイントは以下の3点である。

一点目は、認定こども園、幼稚園、保育所を通じた共通の給付である「施設型給付」および小規模保育、家庭的保育などへの給付である「地域型保育給付」の創設である。これまで、幼稚園、保育所に対する財政措置はそれぞれ学校教育の体系、福祉の体系として別々になされてきたが、新制度では、認定こども園、幼稚園、保育所に共通の給付である「施設型給付」を創設し、財政支援を一本化することとしている。また、新たな給付である「地域型保育給付」を創設し、6人以上19人以下の子どもを預かる「小規模保育」、5人以下の子どもを預かる「家庭的保育（保育ママ）」や子どもの居宅において保育を行う「居宅訪問型保育」、従業員の子どものほか地域の子どもを保育する「事業所内保育」の4つの事業について財政支援の対象とすることとした。

二点目は、認定こども園制度の改善である。今回の制度改正では、認定こども園の類型の一つである「幼保連携型認定こども園」を、学校および児童福祉施設の両方の法的位置づけをもつ単一の認可施設とし、認可や指導監督などを一本化することなどにより、二重行政の課題などを解消し、その設置の促進を図ることとしている。

三点目は、地域の子ども・子育て支援の充実である。すべての家庭を対象に地域のニーズに応じた多様な子育て支援を充実させるため、①保

護者が地域の教育・保育、子育て支援事業などを円滑に利用できるよう情報提供・助言などを行う「利用者支援」や、②子育ての相談や親子同士の交流ができる「地域子育て支援拠点」、③一時預かり、④放課後児童クラブなど、市町村が行う事業を新制度では「地域子ども・子育て支援事業」として法律上に位置づけ、財政支援を強化して、その拡充を図ることとしている。

第3節　諸外国の子育て支援

1　フランス

(1) フランスの状況

フランスの合計特殊出生率の高さは先進国の中で高い数字を示している。2016年1月の人口は、6,699万人で、高齢化率は、19.5％（2010年末）であり、合計特殊出生率は2.01である。フランスでは、かつては家族手当等の経済的支援が中心であったが、1990年代以降、保育の充実へシフトし、その後さらに出産・子育てと就労に関して幅広い選択ができるような環境整備、すなわち「両立支援」を強める方向で政策が進められた。

このように、フランスでは経済的なサポートに加え、多様な保育サービスの提供など、仕事と家庭の両立に対してさまざまな支援が用意されていることから、同国の出産期（25～44歳）の女性労働力率（女性の働いている割合）も79.5％と高水準で推移している。

フランスの社会制度は、「産めば産むほど有利なシステム」になっている。

主な制度、政策は以下のとおりである。

・家族手当　——　所得制限なしで、2子以上を養育する家庭に給付

される。20歳になるまで、こどもの数によって支給される。
- N分N乗方式 —— 子育て世代、特に３人以上の子どもを育てている世帯に対して、大幅な所得税減税がなされ有利な仕組みになっている。
- 家族補足手当 —— 第３子から支給される。所得制限はあるが、制限は緩やかなので多くの世帯が受給される。
- 年金加算 —— 子どもを３人養育すると年金が１０％加算される。
- 職業自由選択補足手当 —— 子育ての為に仕事を全面的に休むのか、週４日や３日勤務、午後３時までと言ったように時間短縮するかなど、個人に合わせて労働の有無や、労働時間数を選択することができる。
- 保育方法自由選択補足手当 —— 保育ママに子どもを預ける場合に支給される。
- 出産費用 —— 産科の受診料、検診費、出生前診断、出産費用など妊娠出産から産後のリハビリテーションを含め無料である。
- 父親の出産休暇 —— 母と同様の有給扱いで賃金の８０％が保障される。
- 不妊治療と人工中絶 —— 治療は公費で行われているが、43歳までと年齢制限がある。
- 高校までの学費は原則無料となっている。
- 事実婚と婚外子 —— フランスでは、ユニオンリーブル（自由縁組み）というカップルの生き方が一般化している。

（2）フランスの保育サービス

公立保育所の充足率は低いが、３歳までは自宅で子どもをみてくれる認定保育ママや低額のベビーシッターが比較的簡単に利用できる。
- 保育ママ —— 「保育ママ」というのは、フランスのデパルトマン（＝県。海外県も含めて100か所ほどある）が認定したベビーシッターのことである。自宅に子どもを最大４人預かれるというも

のである。保育ママになるために専門的な資格は特に必要ない。ただ、子どもを受け入れる前に60時間、子どもを初めて受け入れてから２年以内に60時間、計120時間の研修を受けることが義務付けられている。保護者は保育ママと子どもの保育について直接契約を交わす場合も、定期的なメディカルチェック、自宅訪問などは地元のコミューン（フランスの基礎自治体＝市町村）によって管理されている。

　保護者と直接雇用契約を結ぶ保育ママと、市町村やアソシアシオンに雇用される保育ママとがいる。フランスには、「アソシアシオン（L'association）」と呼ばれる民間の非営利団体があり、子育てに対し柔軟で広範囲にわたって組織化されている。

- 余暇保育　──　日本の学童に相当するものである。ほほとんど費用がかからない仕組みになっており、相談援助や専門機関へつなげるなどのサービスを行っている。

2　フィンランド

(1) フィンランドの状況

　フィンランドでは、1970年代初頭に出生率が低下し、1973年に合計特殊出生率が1.5と過去最低を記録した。当時は、保育サービスなどが整備されておらず、働く母親には厳しい社会であった。危機感を持った政府は、少子化対策に力を入れ、出産・子育て支援を充実させてきた。その結果、保育所の整備とともに、母親手当や出産及び育児休業、児童手当、在宅子育て手当など、自宅保育に対する支援の充実が図られた。民間保育手当もあり、多様な保育を選択できるフィンランド特有の子育て支援システムが作られた。その結果、2010年には合計特殊出生率が1.8に増加した。高負担、高福祉の国家といわれるフィンランドは「子どもを産み、育てやすい環境」であり、多様な保育サービスが用意されている。

主な手当や各種の休暇制度などは以下のとおりである。

(2) フィンランドの子育て支援

①社会保障

利用できる制度については、例えば以下のようなものがある。

- 雇用契約法に基づく家族休暇の取得
- 子の介護に関する休暇、入学1年目・2年目の親を対象とした手当
- 母親手当　妊娠交付金（140ユーロ）または育児パッケージの取得
- 育児手当、特別育児手当（子どもが3か月になるまで）
- 父親休業
- 子ども手当（子どもの誕生後、17歳になるまで）
- 家庭での育児手当（3歳未満、保育サービスを受けていない世帯を対象）など

②ヘルスケアサービス

ヘルスケアサービスの提供は、住民に近い地方自治体の義務と定められ、出産する親、子育てをする親をサポートする体制が確立されていることも、出産に対する前向きな感情を育むことにつながっている。

(3) フィンランドの子育て支援「ネウボラ」

- ネウボラ（neuvola）は、アドバイス（neuvo）する場（la）という意味で、すべての地方自治体にある。ネウボラ（妊娠・出産・育児相談所）：各自治体（または自治体連合）が小学校区に1か所程度設置し、妊娠期から就学前までの保健・医療・福祉・心理サービスを、担当保健師が中心となって継続的に支援する。産前教育、早期の両親の虐待リスク診断と治療への結び付けがなされ、利用は無料で、定期健診や予防接種を受けられる。妊娠期4か月以内に利用すれば母親手当（育児パッケージのプレゼントか現金支給）が受けられるなどの魅力的なサービスで、98％の利用率がある。
- 家族ネウボラ（ファミリー・カウンセリング・オフィス）は、各自治体に設置され、子どもの問題行動、親子間の問題、夫婦間問題、

家族機能などについて、支援が必要な家庭へ、相談援助や、専門機関へつなげるなどのサービスを行なっている。

フィンランドでは、アルコールと薬物依存の課題を抱えた家族専用のネウボラや、アルコールと薬物使用中の母親から子どもを守る機能に特化した母子ホームがある。親の依存症は、成長するにつれ、子どもにも受け継がれていくという。また、望まない妊娠や妊娠期の精神的な不安定さ、特に乳幼児期の子どもの発達に応じた子育ての難しさ、自分の幼児期のつらい体験のフラッシュバック、夫婦間の問題、経済的問題、孤立などさまざまな辛い状況から、母親がうつ病などの精神疾患を発症したり、薬物依存などになっていく例が増えている。精神的疾患や依存症の課題を抱える親は、家事ができない、育児ができないなど、子どもを養育する上での基本的な家庭機能が不全に陥っているケースが多い。

(4) フィンランドの保育制度

フィンランドでは1973年に保育園法ができ、全ての子どもたちに保育施設を用意することが自治体の義務になった。1996年には法改正が行われ、母親の就労有無に関わらず誰もが保育園に入れるという主体的権利が子どもに与えられた。これによって自治体は保育場所を24時間確保する責任があり、たとえ夜間保育や特別支援が必要な子どもにも安くて良質なサービスを提供することが義務付けられた。

また、2015年からは、小学校入学前の就学前教育が義務となり、6歳前後の子どもたちは一年間、午前中を就学前学校で過ごしている。

3　韓　国

韓国の概要

2016年の人口は、5,125万人で、高齢化率は、13.6％であり、合計特殊出生率は1.24である。過去最低は2005年の1.08であった。

韓国では、2000年から2005年にかけて、合計特殊出生率が1.47、1.30、1.17、1.19、1.16、1.08と急激に低下し、日本やイタリアを下

回っている。その後、06年からは回復に転じ2010年には1.22となっている。韓国の出生率の低さについては、まず、未婚者の増加や晩婚化があげられる。初婚年齢の平均をみると、韓国の場合、昨年は男性が32歳、女性が29歳で日本よりも晩婚化が進んでいる。その一方で、結婚しない男女も増えている。結婚に対する価値観の変化は著しく、その傾向は女性で目立っています。結婚したら、家事や育児、介護などの負担が大きくなる、家庭と仕事をとても両立できない、と結婚することに希望を見出せずにいるのです。また、雇用の不安定化が結婚を先延ばしにさせ、晩婚化がさらに進む要因となっている。特に、若い世代の就職難は深刻で、正社員になれずに非正規職を転々とする若者が年々増加している。さらに、子育てや教育に多くのお金がかかり、特に習い事や塾通いなど学校外の教育費が非常にかさむなど経済的負担が大きいことも指摘されている。学校教育費の私的負担では韓国は世界一の高さとなっている。

政府は合計特殊出生率の低さの原因を行き過ぎた家族計画政策の推進と子どもの養育費負担の増加に求め、その対策として2005年4月「低出産・高齢社会基本法」を成立させた。

低出産・高齢社会基本法は、5年ごとに低出産・高齢社会基本計画（セロマジプラン）を策定し、各部署および地方自治体は、基本計画に基づいて、年度別施行計画を樹立することとした。「セロマジプラン」の「セロ」とは出産、「マジ」とは老後の意味で、「新しく迎える出産から老後生活の最後まで幸せに暮らす社会」の意味が含まれている。

2006年には第1次「低出産・高齢社会基本法」（2006〜2010）が、2010年から第2次「低出産・高齢社会基本法」（2011〜2015）が実施されており、政府がまとめた基本計画には、結婚と出産支援政策、また共働き夫婦のための対策が含まれている。推進課題は①少子化、②高齢化、③成長動力、④社会的雰囲気助成の4大分野に分かれており、第1次基本計画では237事業、第2次基本計画では231の事業があり、その中で出産・子育てと関わる事業は95課題である。

この法律の中で、韓国政府は、子どもを家庭だけでなく社会全体で育てようという「育児の社会化」を掲げて、低所得層への保育費の支給、保育所の拡充と質の向上、育休制度の活性化、短時間勤務制度の導入といった少子化対策を講じた。そのひとつが無償保育の実施である。無償保育により、子どもを保育施設に預ける家庭は急増した。もう一つ韓国政府が拡充したのは、国際結婚家庭への支援策である。少子化対策の一環として、2008年に「多文化家庭支援法」が制定され、外国人配偶者には韓国語教育や職業訓練、就業支援 などが無料で実施されるようになった。

【引用・参考文献】
　仲村優一・一番ヶ瀬康子編著『世界の社会福祉／アジア』旬報社、1998年
　久塚純一・岡沢憲芙編著『世界の福祉』早稲田大学出版部、2005年
　宇佐見耕一・小谷眞男・後藤玲子・原島博編著『世界の社会福祉年鑑』旬報社、2011年
　林邦雄・谷田貝公昭監修、高玉和子・和田上貴昭共著『保育相談支援』（保育者養成シリーズ）一藝社、2012年
　林邦雄・谷田貝公昭監修、山崎順子・和田上貴昭編著『新版社会福祉』（保育者養成シリーズ）一藝社、2017年
　一般財団法人厚生労働統計協会「国民の福祉と介護の動向」（2017/2018 2017年09月号厚生の指標 増刊）、2017年
　フィンランド大使館「フィンランドの子育て支援」http://www.finland.or.jp/public/default.aspx?contentid=332415
（最終アクセス2017年１２月４日）
　フィンランド社会保険庁ホームページ　http://www.kela.fi/web/en
（最終アクセス2017年１２月４日）

（佐久間美智雄）

第9章　世界の子育て
―イラン・イスラーム共和国を事例として―

第1節　世界の子育てを知る

1　他国の子育てについて知る意義

　子育ては、個人の家族の日常的な生活の場面で行われるとともに、政治、社会、文化の形成に深く関わる社会的な試みでもある。子どもが生まれ、社会の一員として成育することは、親から子へ、知識、文化的儀礼が伝達されることから、一種の再生産が果たされている。しかし、子育ては基本的に、その多くが家庭内で実施されていることから、再生産の実態はブラックボックス化しやすい。このように、子育ては、社会構造を構築する側面を有しながら、私事性を伴う二面性を持っている。

　一方で、社会構造を構築する側面を有していることから、子育て支援のあり方、各家庭にどのような支援を実施すれば良いのか、社会全体で考える必要がある。しかしながら、それぞれのニーズを把握するためには、現実として行われている子育ての実態について、まずは「知る」ことが求められる。その方途として本章では、諸外国における子育ての実態について、知ることを目標にする。子育てに限らず他文化の状況を理解することは、おのずと自文化と似ているところ、異なっているところに気づく。この作業は、他文化に対する理解が深まるのみならず、自文化への理解も深まる。ゆえに、他国の子育てについて理解することは、日本の子育てを見直す契機になるといえる。

2　なぜイランの子育てか

　本章では、イラン・イスラーム共和国（正式名称、Jomhuri-ye Islami ye Iran）（以下イランと記す）を事例とするが、何故イランの子育てについてみるべきなのか。まずは、読者の皆さんのイランのイメージはどのようなものだろうか。「危ない」「テロ」「戦争」….etcネガティブなイメージが根強いと思う。確かに、連日放送される、「中近東」とひとくくりにされる、イスラーム文化圏の多いイランをはじめとした、西アジア諸国のイメージは、テロ集団イスラム国（ISIS）の台頭から一気に悪いものになった。現実問題として、シリア、イラクをはじめ、戦闘状態が続き、難民も発生している。そして西アジア諸国は日本から飛行機で12時間余りで距離も離れていることから、日本の人達にとってもピンとこないというのが現状であろう。

　しかし、こうした側面は西アジア諸国の一部でしかない。現に、西アジア諸国においても、子育ては行われているし、子は、親の願いや想いを一身に背負いながら、成長しているのは、同じである。

　本章では、西アジア諸国の中でも、比較的平穏なイランを事例として、子育ての実態についてみていきたい。併せて、日本の子育てと似ているところ、異なっているところを読者の皆さんの中で考えて頂きたい。

第2節　イランの子育て

1　子育て観へのアプローチ

　本章では、イランを事例として他国の子育てについてみていくことを目的としている。その方途として、イラン女性の子育て観に注目したい。本章で使用される子育て観とは、個人の見解、考え方、価値観、認識、

印象、期待の総体とする。すなわち、母親が子どもに対して、どのように成長して欲しいかという想い、感情に焦点を当てる。なお、これらデータは、2011年から2015年に筆者がイランの首都であるテヘランで行った、イラン女性に対するインタビュー調査をもとにしている。インタビューの中身は、文字通り、彼女達のありのままの生の声である。こうした生の声を理解することで、イランの女性達が子育てをどのように捉え、実践しているのか、現実的に理解できよう。

2 調査方法

調査方法は、筆者がイランの公用語であるペルシア語を話し、通訳は介さず、直接イラン女性にインタビューを実施した。イラン女性にとって、筆者は外国人であり、かつ男性である。

そのため、女性達との信頼関係の構築が最優先課題であり、例えば、一緒に買い物に出かける、食事をとる、喫茶店に出かける、ホームパーティーに出かける、世間話をするということを地道に行った。こうした関わりの中で信頼関係が構築され、彼女達も本音を筆者に話してくれるようになるのである。

つまり、インタビュー形式であるのは、女性達との世間話の延長線上であることが大きく影響しているのである。それでは、次の節から女性の子育て観についてのありのままの声に、耳を傾けてみたい。

第3節 世代別子育て観

1 子育てを終えた世代の声

(1) 子どもの意思を尊重する女性

もともと私は子どもが大嫌いだったの。というか、子どもが恐かった

の。その後、自然な流れで結婚したわ。子どもに対する恐怖も、子どもが生まれては変ったわね。子どもと喧嘩とかしたことが無いわね。(A1,専業主婦,50才)

　子どもには、厳しくしないことね。子どもとは一緒に遊んだり、歌ったりして育てるものよ！今でも娘が髪を染めたりすると、どうやって染めるのか聞いたりして、一緒の髪色にしたりするのよ。子どもと一緒になれば、・・・(中略)・・・新しい発見が毎日あると思うの。(A2,元幼稚園教諭,48才)

　やりたいことはさせてきました。確かに私自身意見というか、アドバイスもして参りましたけど、やりたいことをやりたいようにさせてきたと思います。意見が食い違った時は、無かったとはいいませんが、食い違ったとしても基本的に私はそれ以上何も言いませんでした。息子が生まれる前からこのように躾ようと思っておりましたので。(A3,専業主婦,52才)

　親は、厳しくしちゃいけないわ。厳しくしたら、子どもはやりたいことを言わなくなってしまって、隠れてやったり、嘘をついてまでやることになるし。
　私が中学校2年生の時、お友達のお誕生会にどうしても行きたかった。でもお父さんとお母さんはだめと言ったの。だから「勉強しに行く」と嘘をついてしまった。バックの中に、別の友達から借りたドレスを隠してね。でも子どもに嘘を付かせたり、こういうことをさせてしまうのは躾ではないわ。(A4,自営業,42才)

　A1～A4は子どもの意思を限りなく尊重し、厳しく躾けることをしない。また子どもの自主性、自律性を尊重している。

さらに性格が良いという点を、子育て観において最重要視していることが理解できる。しかし、厳密に性格の良さが何を指すのか、言及されていない。むしろ、性格の良し悪しに限らず、「自分の子どもと喧嘩とかしたことが無い」(A1)、「子どもとは一緒に遊んだり、歌ったりして育てるものよ！」(A2) と、母親と子どもの関係の在り方について述べている。

　すなわち子育てを終えたイラン女性は自分達の子育て観を越えて、子どもが自由にのびのびとしながら、興味関心にもとづいた行動をどのようにすればできるのか、自分の子どもとの関係性という点を重要視している。

2　青年期女性の声

(1) 子どもの意思を尊重する女性

　本稿で扱っている青年期女性とは、結婚の有無に限らず、子どもがいない30代までの女性を対象とする。将来、もし子どもができたら、彼女達はどのように子育てを行うのだろうか。

　子どもにキスをしたり、私の愛する子と言いながら、可愛い、可愛いして、キスしたい。きっと親バカで良くないけど、私はそうしたい。そうすることで関係は良くなる。ママもそうやって私に接してくれたし。子どもと笑いあって、家族いつも一緒で、幸せであること、子どもなんだからいたずらも良い。これが子どもらしさ（だと思う）。

　子どもらしさを大切に、（その上で）子どもには好きなことをさせてあげたい。ピアノとかやったとして、嫌がったら、まず先生をかえるけど、それでもダメなら、ピアノ（それ自体）をやめさせる。(B1,大学院生,23歳)

　（自分の子どもには）全てから自由にいて欲しいし、やりたいことを

やって欲しい。まず本当は宗教からも自由であって欲しい。私はイランにいるから（生まれながらに）ムスリムになってしまうけど、心はそうではない。本当は自由でありたい。お父さんもお母さんも、ムスリムとしてこうしなさいとは1度も私に言わなかったし、家族みんなお祈りをしない。

　1度3ヶ月にわたってお祈りをしてみて、1日だけ断食をしてみたけど自分には合わないと分かった。だから自分の子どもにも本当は宗教から自由であって欲しい。大切なことは良い人であるということが、大切だと思うの。(B2,大学院生,22歳)

　(子育ての中で) 勉強しなさいとか、このようにしなさい、あのようにしなさいとは（母である私から）言わないわ。（躾のために）叩くこともしない。自由にやりたいように、その子が好きになったことを好きなようにさせてあげたいわ。(B3,高校生,17歳)

　自由にさせたい。自分で好きな人生を選択してくれればいい。無理やりこうしなさい、ああしなさいとは言わないわ。その上で、自分で仕事を得て、給料を貰って、自立してくれれば何も言わない。(B4,専業主婦,30歳)

　B1～B4に共通することは、自分の子どもには、ありのままでいて欲しいという願いである。すなわち、子どもが自ら選択し、人生を歩んで欲しいと願う点が共通している。また子ども本人の希望や、やりたいことを最優先にしてあげたいと考えている。その際に母親は意図的に正解を提示したり、方向性を決めることを望んでいない。
　いずれにせよ、こうしたイラン青年期女性は、子どもの意思を限りなく尊重しようとしているといえる。

(2) 自立を促す女性

　子どもができたら、1日、2日で家に戻したい。それで自立させるように子育てをしていくと思う。何故って子ども自身が決断することが大切でしょう。7歳までは、男女ともに（性差として）変わらないけれど、そこからは変わる。小学校1年生から私は、息子だったら、男の子らしく。娘だったら、女の子らしくこうすることで、何事にも、例えば、絵をかきたいとか、今サッカーしたいとか、自分で決断できるようになるし、それが大切。このように私のママも自分に教育してくれた。それから、子どもが何かトラブル、おもちゃとかを取られそうになったりとか、そうなったら、自分で取り返すか、取られないような、強い子であってほしい。友達の作り方も、すぐにフレンドリーになるのでは無く、少しずつ相手をゆっくり見て、信頼関係を築ける、そんな人になって欲しい。(B5,大学院生,23歳)

　（どのような子どもに育てたいかというと）アクティブな人に育てること。私は失敗もしてきたけど、頑張ることができた。辛いことも良いことも経験した。両方体験しないと強い人間にならないでしょう。失敗しても落ち込まないように、努力して頑張れる人になって欲しい。(B6,レストラン店員,28歳)

　自由を与えすぎる環境にはしたくない。子どもの頃から厳しく育てることが重要であると思うの。それから、社会で生き抜くためにはどのようにするべきか（躾けるべき）。(B7,語学学校学生,19歳)

　私のママは、好きなことをそのままさせてくれる。習い事もしたいようにさせてくれる。嫌になったら辞めても何も言われない。"あなたが決めたことだから"って。でも私は、自分で生き抜くためには、これでは良くないと思うの。だから私は、自分の子どもにはある程度やるべき

ことを伝えようと思う。(B8,高校生,15歳)

　このように、子どもの自立を求める女性は、まず挙げられるのは多様な考えはあるものの、子どもの自立、独立心が育つように願っている女性の存在である。
　このように、性差による自立を願う者（B5）、積極的になることが自立につながると考えている者（B6）、厳しく育てることが大切と考える者（B8）と多岐にわたるが、社会の中で共生しながら、自立することを前提としている。すなわち、トラブルが起きた時に自分で解決し、自分のことは自分でできるようになること、それが子どもの成長に不可欠であると捉えている。総括して、子どもが自分で考え、自発的に物事について取り組むことを望んでいくことを願っているのである。

第4節　インタヴューから見えてくる子育ての実態

　これまでイランの母親世代、およびその子ども世代である青年期の女性達の声に注目し、子育て観を通して、それをどのように捉えているか、みてきた。
　「子どもの意思を尊重する」や「子どもには自立を促すように育てたい」と、一見、私達の暮らす日本の母親の子育てと何ら変わらないようにも思える。むしろ類似性が極めて高いともいえる。
　当然、国は違うのだから、具体的な子育ての方法、例えば褒め方や叱り方、またそのタイミングをはじめ、日本とイランでは異なるかもしれない。しかし、子育てに対する想いや感情は、日本であれイランであれ、そこまで変わったものでは無く、むしろ共通している。すなわち、子どもを想う気持ちは、世界各国、どのような文化的、社会的、宗教的背景があろうとも、変わりはないと結論付けることができよう。

【引用・参考文献】

東洋『日本人のしつけと教育』東京大学出版会、1994年

片倉もと子『イスラームの日常生活』岩波新書、1991年

小山貴博「イラン・イスラーム共和国における子育て―母系的価値観の伝達様式に着目して―」(『個性化教育研究』日本個性化教育学会)、2014年

小山貴博「イランにおける青年期女性の子育て観―母系的価値観に着目して―」(『個性化教育研究』日本個性化教育学会)、2016年

恒吉僚子・S.ブーコック編『育児の国際比較』NHKブックス、1997年

中西久枝『イスラームとヴェール』晃洋書房、1996年

ハミッド・ダバシ『イラン、背反する民の歴史』作品社、2008年

船橋恵子『育児のジェンダー・ポリティクス』勁草書房、2006年

(小山 貴博)

写真① イランの0才児

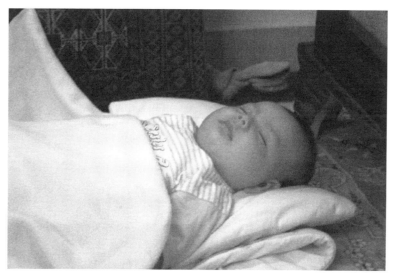

写真②　イランの1才児

写真③　筆者とイランの家族

第10章　現代保育の諸問題

第1節　遊びの貧困化と保育

1　子どもの遊びの貧困化と保育－遊びは成長と発達の源泉－

　乳幼児期の子どもにとって遊びとは、成長と発達の源泉であり、色々な遊びの経験を通して子どもはさまざまな能力を育み培っていくことができる。幼稚園教育要領では総則において、「幼児の自発的な活動としての遊びは、心身の調和のとれた発達の基礎を培う重要な学習であることを考慮して、遊びを通しての指導を中心として第2章に示すねらいが総合的に達成されるようにすること。」として、遊びの重要性を強調している。

　遊びは乳幼児にとって学習であり、遊びを通して総合的に指導するという幼児教育の原理、原則を幼稚園教育においては基本とするとしている。この基本は、当然であるが保育所や幼保連携型認定こども園においても全く同じである。

　しかし現代では社会の変化に伴って、子どもの遊びについても生活についても激変し、特に遊びについては、「遊びの貧困化」が著しいといえる。例えば、いわゆる「テレビゲーム」を持っていて家庭で遊んでいる幼児や小学校低学年の子どもも多く、そして同様のパソコンやスマホのゲームソフトが幼少期の子ども向けにも数多くラインアップされていて、それゆえに一人でゲーム遊びに興じる子どもが増えてきていることが顕著な例として挙げられる。

遊ぶ時間を区切り、子どもがゲームべったりのいわゆる"ゲーム漬け"になることなく適度に楽しんでいる家庭も多くあるが、一方で家族や友だちとほとんどコミュニケーションをとらずに、一人でゲームに興じ没頭して何時間も過ごしてしまう、そのような子どもが多くいることも事実である。
　そのような場合には健やかな心身の成長発達にマイナスになり阻害要因となると考えられる。主な理由としてテレビやパソコン、またスマートホンなどのゲームは、直接経験や具体的経験を全く伴わず仮想的な内容の遊びであること、また人との関わりが無くコミュニケーションや人間的な触れ合いを経験することができない遊びであること、さらに没頭することで生活のリズムが崩れること、加えて成長発達に必要な遊びの時間が奪われてしまうこと等々が挙げられる。
　一人で遊ぶことが可能で、想像力をかき立て刺激的であることがこの種のゲームの特徴であるが、保育、幼児教育の中での遊びの楽しさや面白さの質がますます問われているといえないだろうか。園での色々な遊び、なかでも群れ遊びの体験がとても貴重で大切であることを再確認することが喫緊の課題である。

2　保育学生の遊び（経験）の貧困化

　保育学生の遊び経験の少なさは、遊びに関する経験の脆弱化すなわち遊びの貧困化につながり、その結果保育、幼児教育の実践の場での遊びの意義や価値を相対的に低くして、子どもの遊び経験に直接的あるいは間接的に影響を及ぼす可能性につながると考えられる。
　例えば、戸外での「ままごと遊び」を経験していない保育学生が増えているが、この遊びは砂や土を使っての遊びの定番かつ代表的な遊びである。そして子どもが自然環境と触れ親しむ契機になる基本中の基本ともいうべき遊びであり、このままごと遊びを体験していないことは、まさしく保育学生の遊び経験の貧困化の端的な表れではないだろうか。

また草花での草笛遊び、首飾りや花冠作り等の遊びは自然との関わりの豊かさをある程度必要とする遊びであり、そして保育者から子どもたちへ、母から子へというように遊びの伝承が行われる中での遊びである。原っぱや田畑がそこかしこに残っていた一昔前は、このような自然物で何かを作る遊びや、作った物を使っての遊びは大半の子どもが経験することができていた。地域の身近な遊び場の減少や消失が、保育者の卵である学生の遊び経験の貧困化傾向の要因の一つであり、背景であると考えられる。

3　保育者は遊びのファシリテーター　―自然遊びの経験が大切―

　多種多様な遊びを豊かに経験していることは、子どもと遊びを繋げるプロデューサー的な役割や遊びのファシリテーターとしての活動の幅が広がり、子どもへの遊びに関する援助や指導の内容の豊かさに直結し、保育者としてとても大切であるといえる。

　特に自然との触れ合いのある生活やその中での遊びに注目し、園での子どもの保育、教育の内容に大きく位置づけ、日々の実践に様々な形で取り入れようとしている保育所や幼稚園、認定こども園が次第に増えてきて、保育、幼児教育の世界での最先端の潮流となっている。そのような状況の中で、改めて保育者の自然遊び関する経験の豊かさの重要性が指摘され、再認識されてきている。

第2節　発達課題と保育

1　認知能力と非認知能力

　最新の理論として保育、教育の世界で注目を集めている認知能力及び非認知能力であるが、共に子どもの発達における重要な課題であり能力

であるといえる。近年の子どもの発達成長に関する研究では、幼児期の知的教育はその効果を長く持続させることが難しく、一過性に過ぎないことが明らかになりつつある。そして世界の国々で非認知能力についての研究が進められ、その重要性が認識されクローズアップされて来ているのである。

認知能力は学力と結びついた賢さとして捉えることが出来る能力である。ＩＱ診断や学力テストで計測が可能であり、理解力や言語能力そして計算能力等は分かり易く、計測することも比較的容易で、これまでの我が国の教育界でも重要視されてきた能力である。

2 非認知能力をつちかう集団遊び

非認知能力は人生の成功に結び付く能力といわれている。確かに知識や理論は学校の外ではあまり役に立たないことは、誰にでも理解できることであり逆に、意欲、やり抜く力、誠実さ、忍耐強さ、自制心、社交性等については実社会で必要かつ重要な能力であるといえる。これらの非認知能力は身近な人から子どもは学び獲得するものであると捉えられていて保育、教育の中で育み培い、そして伸ばすことが可能な能力なのである。

非認知能力を育み培うには、乳幼児期においては遊びが重要であることが明らかにされてきている。特に園での色々な集団遊び中での保育者や友だちとの関わり合いを通して、非認知能力は育ち育まれると考えられる。なかでも集団でのルールのある遊びや共同的遊びが、子どもの意欲や自己効力感、忍耐力や自己制御、また社会性の育ちを促進すると考えられる。

わらべ歌遊びや、役割の伴う鬼ごっこ、劇遊び等のグループや多人数で楽しめ、役割分担やルールが明確で、目的や目標を共有することが容易な遊びが具体例として挙げられる。乳幼児は、そうした集団遊びを通して非認知能力の基礎を育み培うことができるのである。

3 非認知能力の基礎を鍛える生活リズム

「子育ては保育所と共に」という言葉がかつて流行したが、家庭と園で連携して24時間の見通しを持ち、乳幼児の生活の基盤である食事や睡眠等の生活習慣といわゆる「生活リズム」を整え確立していく取り組みが再認識され再評価されてきている。

生活習慣と生活リズムを確立し整えることについては、共感性等の社会的能力の伸長に繋がることが指摘され、そして園や学校での遊びや学習活動の土台にもなるので特に重視すべき課題であるといえる。中学、高校生になってから「早寝早起き朝ごはん」の励行に取り組むよりも、乳幼児の頃から望ましい生活習慣の第1歩として生活リズムの確立に取り組むことが、効率も良く効果も大きいことは明らかである。つまり、J・ヘックマン博士（James. J. Heckman 1944～）の言葉を借りるならば、「大人になってからでなく幼少時に集中配分せよ」と、同じことが生活習慣と生活リズムの確立にもいえるのである。

第3節　保育者の専門性と保育者養成

1 保育・教育の質と保育者養成

保育・教育の質は、保育・教育の環境の質と保育・教育実践における子どもへの具体的な関わりや援助の質によって大きく左右されるといえる。保育・教育の環境は、子どもの成長発達に影響を及ぼす身近な環境として、①人的環境②物的環境③自然環境④社会的環境（場の雰囲気を含む）が挙げられる。これらはそれぞれ個別に、そして相互に関連し合って子どもに関わり、また子どもからの働きかけも受け止めていく。その中でもとりわけ重要な人的環境については、保護者をはじめとして

園の保育者や友だち、園長先生や他の職員等、といった人たちが考えられる。

　日々の保育や教育実践の中で子どもへの関りや援助において、それぞれが大きな影響力を持つ人的な環境であるが、その中でもとりわけ保育者は、乳幼児期の子どもにとって重要な人的な環境であり、最も大きな影響力を持つと言っても過言ではないといえる。そういった重要な使命と任務を帯びた保育者を養成するという役割と機能を担うことに、保育者養成の現状は十分に応えしっかりと重責を果たしていると言い難い面があることは否めず、少なくない問題と課題が山積している状況であるといえる。

　まず現在の子どもと子育てを巡る社会状況から鑑みて、現状の2年制での保育者養成は負担が多すぎるといえる。特に近年では虐待の問題やアレルギーの問題、また保護者の子育てに関する相談や子育て支援等への対応も現場の保育者の大きな負担になっていること、また資格・免許の取得に必要な多くの必修科目の修得は当然であるが、その内容の濃さや多岐に渡る実践上の留意・配慮事項等の多さから考えても、養成の期間の延長や段階的にステップアップしていくような形での資格・免許の修得が望まれるところである。

2　保育者の専門性を捉え直す

　保育、幼児教育における専門職にふさわしい給与や労働条件などの処遇の改善がまず求められるところである。勤続年数の問題もあり他の職種と比較することは慎重にすべきであるが、保育者（保育士、幼稚園教諭、保育教諭等）の専門性に見合う形での給与等の労働条件の改善が急務であろう。

　一般的に専門性の高さや度合いと給与等の処遇は比例するものであるが、保育者はかつては女性の職業であり、子どもには参政権が無いこともあり、これまでは社会的な評価も注目度も高くなく、行政からも十分

には重視されてこなかったということもあり、その処遇についても議論されることは多くなかったといえる。

また日本においては、諸外国と比べると幼児教育のみならず小学校以上の学校でも教育公務員や一部の私学を除き、相対的に教師の給与水準が高くない現状がある。特に教育の対象である子どもや生徒の年齢が低いほど給与もなべて低くなり、その為に社会的な評価も低いままとなり、実態調査などでは保育者や幼稚園教諭の多くが、職務内容や仕事量に見合った給与が十分に支給されていないと回答しているのである。

3　全ての子どもに質の高い保育、幼児教育を

幼少期の保育、教育の重要性は、次第に社会全体に注視され認識されるようになってきてはいるが、保育者や教師の子どもや生徒の為の保育・教育に力を尽くすという心情やボランタリーな精神に支えられて、何とか成り立っている現状を改善し、将来に向けて現場サイドも行政や管轄省庁も力を尽くすことが必要な時期に来ているといえる。

「なぜ、待機児童問題は解決されず、『お母さん』は『人間』扱いされず、若者と子どもにお金が使われない国なのだろう。それは単純に人々の生き方や価値観が実質的には変わったのに、制度がそれに追いついていないだけだ。」と、古市氏は述べ、「ならば、実際の人々に合う様に制度を変えていけばいい。実際、そうやって社会は変わってきた。」と、社会学の立場から訴え強調している。

何よりも社会の宝である子どもたちの保育、教育に関しては、その質的向上のため社会全体でその重要性を踏まえ国を挙げて最善を尽くすべきであり、将来に向けて第一線を担う保育者や幼稚園教諭、保育教諭等の専門性を正しく捉え認識して、処遇や定数の改善をも含めての思い切った対策・対応が必要不可欠であろう。

【引用・参考文献】

大沼良子・榎沢良彦 編著『保育原理』建帛社、2011年

関口はつ江 編著『保育の基礎を培う 保育原理』萌文書林、2012年

神田伸生 編著『子どもの生活・環境・遊びに向き合う』萌文書林、2013年

ジェームズ・J・ヘックマン、古草秀子訳『幼児教育の経済学』東洋経済新報社、2015年

古市憲寿『保育園義務教育化』小学館、2015年

無藤隆・古賀松香 編著『社会情動的スキルを育む―保育内容人間関係―』北大路書房、2016年

(長谷 秀揮)

第11章　性教育問題

第1節　性教育とは

　性教育は、性に関する生物学的・生理学的な知識、基本的人間関係の一形式としての性の意義の理解、これに対する道徳的態度を学ばせる教育である。性に焦点を当てた人間教育であり、性に関わる権利を学び、健康で豊かな生活するための教育である。

　日本では、性に関しては様々な価値観あり，性教育についても様々な考え方がある。狭義では二次性徴・受精や妊娠についての教育とするが、広義では性器・生殖・性交・他の性行動についての教育全般を意味する。性教育は、学校だけで行われるものではなく、両親・教師・看護師など子どもの世話をする人々が直接的に行ったり、公衆衛生の宣伝活動の一環として行ったりする。ただ、性についてはタブー視かされていたため、公に語り合うことできない時代が長く続いた。そのため諸外国の性教育と比べると遅れを感じる。

　健康で豊かな生活するためには、すべてのヒトが性に関する正しい知識を持ち権利を尊重して豊かな人間関係を構築していく事が大切である。

1　日本の性教育の歴史

(1) 戦前の性教育

　江戸時代からの混浴・遊郭・夜這い等の風習が存在し、売買春は野放

し状態で、性病の蔓延が問題となっていた。明治初期に西洋から性教育も紹介され、学生への性教育の重要性は指摘されながら、教育制度や教育機能の中で積極的に生かされず、学校・家庭では、常に何らかのタブーの中で語られ把えられた。

(2) 戦後の純潔教育

敗戦の混乱の中、売春、性病の蔓延、性情報の氾濫、性犯罪の増加等、大人の性行動に変化がみられ、青少年にも影響を及びだした。文部省は純潔教育基本要綱（1949年）で「将来の健全にして文化の香り高い新国家を建設するためには、純潔教育の的確、且、徹底的な普及により根本的に解決する必要がある」と性教育の重要性を説いたが、その内容は明確なものではなかった。高等学校の保健の内容に取り入れられたが、性関連については、学校現場では受け入れられなかった。1960年代は、性非行、不純異性交遊の防止等が学校の生活指導に重点が置かれ、性道徳を強調する教育が重視された。特に女子への月経指導が中心の処女性を尊重する婦道婦徳の教育であった。対照的に男子は、教育の機会はなかった。

(3) HIV予防の性教育

1980年代に入ると、諸外国でHIVの感染拡大が報告され始め、日本でもエイズに関する啓蒙活動を中・高校生向けにも始めた。避妊具であったはずのコンドームが自らの命を守るための道具へと役割が変化し、性教育も性感染症予防教育へとシフトしていった。現場が混乱していた中、1986年には文部省が「生徒指導における性に関する指導」で、純潔教育という言葉はなくなり、より具体的に学校教育における性教育が示される。1999年には文部省から「学校における性教育の考え方・進め方」が各学校に配布され、性教育の重要性が学校現場に浸透した。

その後、性教育は広がりを見せたが、それと同時期に性交渉の低年齢化、売買春の問題が出てきた。それについて「過剰な性教育が寝ている子を起こすことになり、性行動を助長する」という純潔教育の必要性を

主張するものと、「男女の性差を正しく理解することがより男女平等、性的自己決定のために必要」と性教育の必要性を主張するものとの論争があった。

(4) 現代の性教育

2000年代になるとインターネットの普及等で性情報の氾濫、出会い系サイトの増加や低年齢化が進んだ。各学校・各教育委員会で個別に作成された教材しかなく、統一した方針が出ていない状況であった。2015年の文科省中央教育審議会は、高校生以下の子どもの性行為を許容しないという内容の性教育を指導するという基本方針を出した。

近年では、性同一性障害をはじめとする性的マイノリティの学校現場対応について、2016年に文科省が明らかにした。どのように子どもに性的マイノリティについて伝え、教えていくかは、今後の課題でもある。

日本は、性教育後進国である。様々な考えや意見があるが、子ども達が国際社会で活動する事を念頭に性教育を充実して行かなければならない。子ども達の現在・将来の健康を考えていく中で教育現場だけで無く、保護者や地域が連携して乳児期から進めてくことが大切である。

第2節　性教育の現状

1　子どもの性教育の目標

(1) 世界の性教育

アメリカの一部では、性を生物学・心理学・社会学など多角的にとらえて1人の責任ある人間としていかに行動するかを教える。幼児期から性に対する正しい用語を年齢に応じて学習させている。オランダでは、5歳から性教育を実施し、性は食事や睡眠と同じように生活の一部であり、ごく自然で当たり前のことだと教える。

WHOでは、性的健康を「個性・コミュニケーション・愛を建設的に豊かにしつつあるとともに、それらの価値を高めるようなやり方で、性的存在としての身体的・情緒的・知的・社会的各側面の統合をなしている状態」（1975）と定義し、人間の生活を構成するおよそすべての側面が関わっていることを示唆している。世界性の健康学会（WAS）は、性の権利宣言（2014）で「セクシュアリティに関する、身体的、情緒的、精神的、社会的に良好な状態（ウェルビーイング）にあることであり、単に疾患、機能不全又は虚弱でないというばかりではない。」とし、16項目を挙げ、基本的人権と考えられている。

(2) 園における性教育の目標

　学校教育においては、子どもを取り巻く環境の変化、子どもの発育・発達の段階の特徴や性に関する発達課題を明らかにし、その上で、学校における性に関する指導の基本目標を踏まえ、性に関する指導の目標を設定し、指導内容を決定する必要がある。幼児期は自我が芽生え、他者の存在を意識できるようになる時期である。また、大人や友達との関わりの中で、きまりの必要性などに気付き、自己抑制ができるようになる時期でもある。したがって、幼児期の性に関する指導の目標は、各教育委員会等で次のように設定してる。

①自分の誕生や男女の違いを正しく受け止めるとともに、生き物の誕生や成長にも気付き、生命の尊さを感じとる。

②男女にはそれぞれ違いがあるが、どの友達も同じように大切であることを知り、友達を思いやる心情や態度を育て、将来の男女の人間関係の基礎を築く。

③家族は互いに役割を分担し、助け合って生活していることに気付き、男女がいたわり合う心や、そのために自分の欲求を抑制しようとする心を育てる。

　指導内容では、発達課題を的確に把握し、幼児理解を深め、直接的、具体的な体験を通して、適切な指導や支援を行う必要がある。

①体の発育・発達との関わり：身体計測、衣服の着脱、排泄場面等の事象を捉えて、男女の体の違いに気付かせる。排泄の習慣やエチケット、体や性器の清潔保持の習慣を身に付けさせる。

②心理的な発達との関わり：大人になると、体つきが変わることや自分も少しずつ成長していることを伝える。動物の飼育を通して、生死といった生命の営みを経験したり、自分や友達の弟妹が生まれる経験をしたりして、赤ちゃんは父親と母親がいて生まれることに気付かせる。命の誕生の素晴らしさを伝え、自分も父母を通して生まれてきた、かけがえのない存在であることを感じさせる。

③男女の人間関係との関わり：日常の保育を通して、みんなで仲良く遊ぶためには、ルールや約束事を守り、時には我慢したり、助け合ったりすることが大切であると気付かせる。男の子だから、女の子だからと区別するのではなく、お互いのよさに気付き、仲良く助け合っていくことが大切であると気付かせる。

④家庭や社会との関わり：誕生会などを通して、自分が家族みんなから愛され、育まれていることを繰り返し伝えていくことで、「自分はかけがえのない存在なのだ」という自己肯定感を高めていく。家族は男女にかかわらず互いにできる仕事を分担し、助け合って生活していることに気付かせ、自分も家族の一員として協力しようとする心情を育てる。世の中には自分たちを誘拐したり、危害を加えたりする人がいることを伝え、「知らない人にはついていかない」ということを身につける。周りの人の気持ちを考えて、嫌がることをしてはいけないことも知らせる。テレビやマンガで見たことは現実ではないものもあることに気付かせ、見たことを真似て、人が嫌がることを言ったり、したりしてはいけないことを気付かせる。

2 発達段階に応じた性教育

(1) 乳児期の性教育

　乳児期は、親に頼らないと生きられない。親の無条件の愛情を注がれ、あたたかい世話を受けることが情緒の安定に大きく影響を及ぼし、親との絆が形成される。この状態は、生涯の基礎となる大切なことである。また、生理的欲求の充足も大切なことである。特に体を清潔に保つ習慣、性器は大切なところの意識を身に付けさせることが大切です。

(2) 幼児期の性教育

　幼児期は、社会に適応していく、人格形成に大きく影響していく時期ある。羞恥心がなく、探究心が旺盛な時期で性に関する事を色々と大人に聞いてくる時期である。性別「男の子？女の子？」や自分のルーツ「どこから生まれてきたの？」等を聞くことによって欲求解消と自己の確立をしていく。性意識は、ヒトの見た目（性器の違い）から認識し、生活の中での性別・性差を認識し、3・4歳頃から性自認を獲得していく。その頃から自分の性別に違和感を抱き始め、幼稚園児でも性同一性障害と診断された事例もある。また、4歳頃から自分のルーツを知りたいという欲求が高まり、異性への関心も芽生えてくる。

(3) 性教育といのちの教育

　性教育は「生」を教えること、いのちの教育でもある。近年、私たちは、核家族化、生き物の飼育の減少やバーチャル体験の増加等で生死を体験することが少なくなった。日本人の根強い「死」のタブー視化もあり、いのちについて積極的に学ばなければならない。親から受け継がれてきた、ただ一つの命であることを自覚し、自分の体や心を大切にし、他人の命を大切にすることを一人ひとりがしなければならない。

(4) 子どもと向き合うときに気をつけること

　子どもからの性の疑問についてどのように関わるかは、その子との関係やその子の人生に影響を与えることがある。多くの場合は、大人を困

らせようとしているのではなく、純粋に好奇心や疑問から発する事である。その答えは、間違った内容でなければ、その子の理解に応じて答えることでかまわない。大切なことは、①逃げない、怒らない　②ごまかさない、嘘をつかない　③構えないで自分の言葉で明るく答える　④子どもの発達段階にあわせる　⑤いのちの大切さを根底において答えるである。例えば、「赤ちゃんはどうやってできるの？」という問いかけには、「お母さんのお腹の中で、お父さんの種とお母さんの卵が一緒になり、赤ちゃんになるよ。」と子どもの発達段階にあわせて、自分のルーツがお父さんとお母さんにあること、お母さんから栄養をもらって大きくなること、みんな喜んでいたこと等を加えて答えていきたい。

(5) 園生活で気をつけること

　園で生活する上で保育者は、子どもが性を肯定的に捉えるように進めなければならない。また、性役割を感じさせる園の環境構成「男の子はブルー、女の子はピンク　等」、保育者の行動や言葉「男の子だから、女の子だから　等」に注意をしたい。

　幼児期は、清潔等の基本的生活習慣の獲得の時期である。からだの清潔にすることの習慣や態度そのまま排泄の大切さ、男女別でのトイレの使い方やマナーが出来るようにする。

3　性教育の課題

(1) 外性器の幼児語

　からだの清潔やトイレトレーニングで困ることがある。外性器の呼び名である。特に女性器である。地域・時代・人によって表現の揺らぎはあるが、幼児語や俗語で男性器は、「ちんちん」「ちんぽ」と呼ばれることが多い。女性器は「まんこ」「おめこ」となるが、その言葉は性行為を行なうことを指す用語でもあるため、特に女性軽視の象徴的な言語と定義され、近年は使用が少ない。そのため「おまた」や「女の子のちんちん」等で表現を曖昧にすることで使用している場合がある。このこと

はみんなの意見出し合い、見直すべき事柄である。みんなが恥ずかしがらずに身体の名称を使うことは、タブーがない性に対する健全な姿勢を築き、性教育の基礎につながる。

(2) 性別

　性別を決める時の要素は、①染色体や遺伝子情報などから判断する「身体の性」、性別を外性器の形で判断すること。染色体やホルモン分泌の異常が、卵巣・精巣や性器の発育に影響し、男性か女性かを明確に判断しづらい病気を性分化疾患である。②自分でどの性と思うか、性自認する「心の性」、心と体の性が一致しない場合を性同一性障害である。③どういう性別の人を性愛の対象とする「性指向」、異性愛・同性愛・両性愛などがある。④服装や話し方、仕草行動をする「社会的な性」男らしさ・女らしさのこと、がある。各要素を単純に「男」・「女」と分けることができなく、「男女どちらとも言えない」、「どちらでもない」、「わからない」等の枠組みの人が存在し、より複雑になっている。

　幼児期から自分の性に関心を抱き、自分の性を理解、認知することは、性の健康・権利を獲得することである。セクシュアル・マイノリティ（性的少数者）においても認められるかが課題である。

【引用・参考文献】
　文部省『学校における性教育の考え方、進め方』ぎょうせい、1999年
　日本性教育協会　<http://www.jase.faje.or.jp/>
　大滝世津子『幼児の性自認―幼稚園児はどうやって性別に出会うのか―』みらい、2016年
　世界性の健康学会『Declaration of Sexual Rights 2014（性の権利宣言2014)』2014年

（加藤　達雄）

第12章　相談援助

第1節　援助者の姿勢

1　相談者は何を求めているか

(1) 相談者の勇気

　相談したいと感じる相手は、どのような雰囲気を醸し出す人であるか、あなた自身が相談者であると仮定して考えてみると良いだろう。思い切って自己開示した相談者は、援助者に自分の悩みを解決してほしいと願いながらも、援助者の助言が自分の意に沿わない内容であれば別の援助者を求めたいと思う場合がある。また、援助者の助言通りに行動しようとするが、現実と理想の狭間で次の一歩を踏み出せず立ち止まってしまうこともある。

　悩みを抱える人にとって相談するという行為と、それを実行することには、かなりの勇気が必要となるだろう。援助者との出会いは将来を変える契機になるかもしれないということを意識して、援助者は相談者の気持ちに寄り添い受容する姿勢で接したい。

(2) 心地よさ

　あたたかな雰囲気に包まれた空間にいる自分を想像してみたい。人が満たされると感じる根底にあるのは「心地よさ」である。肌で感じ、心に届く「ぬくもり」こそが、相談者自らが歩き出そうと思える心の栄養である。援助者の穏やかな笑顔、さりげない温かなひと言が相談者の琴

線に触れたとき、緊張がほぐれて互いの繋がりが良好に変わっていく。相談者は等身大で受け止めてくれる援助者に安心感を高め、少しずつ自己開示が可能になっていくのだ。

(3) 相談者の価値観

　児童福祉法第一章総則、第一条に「全て児童は、児童の権利に関する条約の精神にのっとり、適切に養育されること、その生活を保障されること、愛され、保護されること、その心身の健やかな成長及び発達並びにその自立が図られること、その他の福祉を等しく保障される権利を有する。[保育福祉小六法、2017年]」とあるが、相談者の誕生から現在まで健やかな成長や発達が、どうであったのかを情報の一つと得られるならば、問題解決に役立つかもしれない。もっとも自然な流れでお話を伺うのであって、無理強いして聞き出そうとすることは禁物である。しかし、相談者からの情報提供があったならば、相談者が援助者に対して、自身の価値観に寄り添って認めてほしいと求めている可能性が高い。

2　援助者の姿勢

(1) 援助者の留意点

　援助者は相談者の心理状態を受け止め、「心地よさ」を感じられるような空間を作ることが大切である。しかし、「心地よさ」は形而上のものであるため、援助者は相談者の意をきちんと受け止められたかどうかの確認が困難だと感じることがある。そのような状況下で何とかラ・ポールを築きたいと必死に頑張る援助者が陥りがちな点は、解決を急いでしまうことだ。また、「相談者は仲良く話を聞いてくれるだけの関係を求めてはいない。解決に向かうことを期待して援助者に相談するのだ。」という認識のもと、相談者の本心を受け止めた自分だからこそ解決に導けると思い込んでしまう点にも注意すべきである。

　援助者の責任感が強い思い入れに代わってしまうと、相談者との相互関係が共依存になりかねない。援助者は相談者の心に向き合い、客観視

するという姿勢を見失うことなく言葉や技法を取捨選択し、専門家として最善を尽くすよう心がけたい。

(2) 援助者の気づき

援助者は、焦らず諦めず、そして事例から逃げない。適当な距離を保ちながら、相談者の表情や所作から少しずつ対処法を模索する。些細な変化でも気づけるように、日頃から観察する姿勢を持ちたい。

① 援助することに不安を感じるとき

鏡に映った自分の顔がどのような状態であれば相手は落ち着くのか、一日に一度は確認するとよい。相手の表情によって自分の態度に気づくのではなく、事前に自己点検するためだ。自分が沈んだ表情のときは相手も沈んでいく。表情が硬いときは鏡の自分に向かって声を出して褒めてみよう。自身の心が落ち着き、穏やかな気持ちで相談者にアプローチできる。その姿勢を継続し相談者を信じることで、援助者の思いが相談者に伝わっていくのである。

② 援助に慣れてきたとき

援助者は今までの事例を参考にしながら、他者比較ではなく相談者の表情や所作から少しずつ対処法を模索していくことが望ましい。類似事例はあっても、同じ対応で解決できることは決してない。肝心な変化を見過ごさぬように、適当な距離を保ち時には事務的（情に流されない姿勢）に接するという意識で関係を微調整していくとよい。自分を頼って訪ねてくれた相談者だからといって、援助者が一人で抱える必要もない。自分以外の援助者に交代した方が円滑に運ぶ場合もある。

援助者は解決に固執しすぎるのではなく、相互作用が成立する環境を調え、相談者の心理状態をよりよくすることを優先する姿勢が大切なのである。それが解決に適する道筋が見える最善策であろう。

(3) 援助者の技法

援助者は、相談者が直面した問題に対して、相談者自らが解決できる改善策を講じていきたい。適切に対応するために技法を学び、援助の展

開を確認しながら接していくことが前提である。次節は「バイステック7原則」と相談援助の展開に触れ、それぞれの項目ごとに相談者が心地よいと感じる空間作りの留意点を確認していくことにする。

第2節　バイステック7原則・面接の展開（過程）

1　バイステック7原則

　バイステック（Biestek, Felixp. 1912 〜 1994）は『ケースワークの原則』で「複雑な問題を抱えた事例においては、援助関係を形成することで多くの目的を達成することができるかもしれない」と述べている。バイステックの7原則は援助関係形成において非常に大切な援助者の姿勢を示している。次の項目では、その内容にしたがって、援助者の姿勢と留意点を確認する。

（1）「個別化」
　人はそれぞれ環境や性質が違うと認識して、相談者を尊重し理解することである。援助者自身の経験や知識によって判断するのではない。相談者の話が全く理解できないような内容であったとしても、傾聴する姿勢を持ち、相談者の強みを生かし自らが決定できる方法を探したい。
　〈留意点〉　相談者とは他者が周囲にいない別の場所（個人情報が守られる場所）で話を聴くのがよい。ただし、別室に援助者と相談者の2人だけで長時間滞在することのないように気をつける（1対1ではなく2名で対応が望ましい）。

（2）「意図的な感情表出」
　自分の感じるままに話ができ、聞いてくれるという雰囲気を作ることが大切である。相談者は自己開示することに戸惑っている。恥ずかしさや情けなさ、自己嫌悪が優先して自己コントロールが困難な状態である。それでも勇気を出して援助者を訪ねたという状況を忘れてはならない。

したがって、少しずつ話ができそうだと感じる空間が必要である。

相談内容は否定的な表現が多くなりがちであるが、援助者はその感情の原因を探り、援助したいのだという姿勢で傾聴する。ただし、感情表出が過度になり相談者の心理状態が悪化したり援助目的が大幅に逸れたりしないように、援助者は内容を微調整できるだけの心のゆとりを持ちたい。相談者の気持ちが落ち着き、自身を客観視できるようになることが望ましい。

〈留意点〉 傾聴するなかで、どのような点に対しての相談（主訴）かを判断し、相談者自身の気づきとして感情を引き出す。感情を自由に表現できるように促す。泣き出したり取り乱したりした相談者には「お一人で抱えられて本当にお辛かったのですね」など言葉をかけながら、落ち着くまで待つことも大切である。

(3)「統制された情緒的関与」

相談者は相手の表情や所作によって、共感しているかどうかを感じる。心のあたたかさは肌で感じるということを忘れないでほしい。発した言葉の本意を目の奥が物語る。心から共感している場合は、聞き手の表情が相手への応えとなるだろう。共感とは同じような感情を抱くことではなく、同じ方向に意識が向くことである。援助関係は一緒に考えていけるのだと感じられるときに成立する。

〈留意点〉 うなずき、あいづちを程よく取り入れ、共感の姿勢で対応する。

(4)「受容」

相談者は失敗や不安な経験を抱え、「自分は必要ない人間だ」と感じている場合が多い。援助する際は、相談者が話す内容、顔の表情、話し方などをありのままに受け止め、出会いに感謝する気持ちで接する。ただし、感情移入するのではなく援助者という立場を忘れず客観的に援助目的に応じた対処法を考えること、また、相談者が敵視する相手を同じような思いで対応しないことが必要である。

〈留意点〉 どのような内容にも偏見を持たず相談者のありのままを受けとめる。

全てを一人で受け止めようとせず、場合によっては援助者間または関わる担当機関を含めて最善策を検討するのがよい。

(5)「非審判的態度」

相談者は悩みを打ち明ける際に、自分の弱みや醜い部分を赤裸々に話さなければならないときがある。その状態を非難せず受容し、原因を多面的に判断する姿勢を保ちたい。援助者は話の内容から相談者の強みを模索することが可能である。

〈留意点〉 相談者の言動に対して明らかに問題であると判断しても、換言して相談者の気持ちを受け止め、どのような点に問題があったか相談者自身が気づくように促す。

(6)「クライエントの自己決定」

相談者自身が何から取りかかれば問題解決できるのかが分からなくなっているとき、援助者は会話の中でのキーワードを探し、相談者に繰り返し確認しながらテーマを絞っていく。問題点は何か、解決すべき優先順位はどうかを確認することで、相談者自身は自己の解決法に気づき、はっきりとした意思表示ができるようになる。

〈留意点〉 自分で決定したという自己達成感が相談して良かったという安心感につながる。援助者は問題に対する答えを伝えるのではなく、導きたい方法を見極め選択肢として提供する。

(7)「秘密保持」

相談者の情報は、解決に必要最小限でとどめるのが良い。自己解決に努力しようとする相談者は、近所や知人に悩みを抱えていることを知られたくないと思いながら相談に訪れることもあるだろう。自分の弱みを周囲に知られても構わないという人は多くない。したがって援助者は他言してはならないのだ。また、援助者が関係機関や他の機関に情報提供する場合、相談者の承諾を得ることを忘れてはならない。そのような対応の積み重ねにより、相談者とのラ・ポールを築くことができる。

〈留意点〉 公の場所や援助者の身内との会話で相談者の内容を話してはならない。

ラ・ポールが築けてこそ相手に心を開けるのだ。

　以上の内容を踏まえて、実践における言葉がけと相談者の理想の心理状況を次にまとめる（**表1**）。

表1　バイステック7原則に基づく援助者の言葉がけ「筆者作成2017」

原則	援助者の言葉がけ	相談者の理想の心理状況
個別化	～さんのことを中心にお話しする 　～さんのお話を聞かせてください。 　～さんのお考えは納得できます。 　～さんのお気持ちお察しします。	援助者は他者比較でなく「私」をわかろうとしてくれるようだ。 強みに気づかせてもらえそうだ。 一歩踏み出せるかもしれない。 踏み出して失敗しても、次を考える機会を与えてくれるかもしれない。
意図的な感情表出	自己開示できる環境作りに心がける 　～なお気持ちと伺いましたが、他にはどのように感じられましたか。 　対応の仕方でお困りのことはありますか。 　お疲れ出されていませんか。	援助者の表情から、私を理解してくれることが伝わる。 私のどのような表現も受け入れてくれそうだ。 安心して話ができる。
統制された情緒的関与	相談者の頑張りを見つけて、言葉で伝える 　なるほど、そうなのですね。 　○○は大変ですね。お疲れでしょう。 　○○を頑張られたのですね。	どのような状況でも私を分かろうとしてくれる。 援助者の言葉があたたかいと感じる。 一筋の光を一緒に探そうとしてくれる。
受容	うなずき・相づち・アイコンタクトをさりげなく用いる 　そうなんですね。良かったですね。 　それはお困りですね。 　そのお話、もう少し聞かせていただけますか。 　そのとき、どうされましたか。 　そうですか。	自分の存在を認めて敬意を示してくれる。 ありのままを受け入れ、援助者の先入観や価値観で想定しない。 ネガティブなことをポジティブに変化する方法を与えてくれそうだ。
非審判的態度	相談者の言動を否定しない 　×　親なのだから。家族なのだから。 　×　それはよくないですね。 　×　なぜそうされたのですか。	「私」の存在や言動を認め、接してくれる。 援助者は私を先入観や偏見で一方的に判断しない。 ネガティブな内容でも否定せず、冷静に原因を探ろうとしてくれる。
クライエントの自己決定	心理状況を確認して不安を払拭できるような言葉 　※　安心は気持ちの整理に有効 　～さんのお考えはいかがですか。 　どのようになると安心（不安）ですか。	混乱した頭の中を、整理してくれるように感じる。 行動に移せるような道筋を、いくつか助言してくれる。 自分に合う改善点の提示によって、自分の気づきがある。

		必要な項目に優先順位をつけて、解決の見通しをたてそうだ。
秘密保持	他者の言動に気持ちが向かないような言葉がけ ～さんのことを教えていただけませんか。 個人差がありますから、～さんに適する方法を一緒に考えましょう。 ～さんは○○なことを続けられていらっしゃるのですね。	他者の話を聞いても、「個人情報ですから話すことはしません」という。 他者が自分のことを聞いても秘密は守ってくれそうだ。 周囲の人の雑談を耳にしても私の相談内容は一切聞かない。 他者に関することでも、人からの又聞きやうわさ話を持ち出さない。

2 展開(過程)

　援助方法は一般的に「アウトリーチ → インテーク → アセスメント → モニタリング → 終結 → アフターケア」と流れる。その中で「アウトリーチ」と「インテーク」のいわば導入部分の対応が後の面接状況を大きく左右する。

　(1) アウトリーチの留意点

　相談者の心の扉を無理矢理に開けようとするのでなく、絡まった糸を解きほぐすように焦らず接する。

　(2) インテークの留意点

　気持ちを落ち着けて、相談者に応じた援助技法と援助者の心で徐々に緊張と不安を緩め、ラ・ポールを築くことで今後の面接に繋げていく。

　(3) 展開のプログラム

　援助の展開を確認するときの参考として次の図表を紹介する(gao-circle program図1、表2)。木の図に書き込まれた内容をイメージしてほしい。木の根が養分を吸い上げ幹へ枝へと運んでいく。それが葉や実を茂らせ目標を達成したら土に帰るという行程である。相談者からの質問や情報を基に、観察・傾聴し、援助者として適切な方法を提示する。それに対して相談者は客観的な自己の気づきを発見し、自己決定へと終結する。その後は自身の糧として対応の仕方を身につけていく。また新たな問題を抱えたら、同じような行程で解決に導いていく。このサイクル

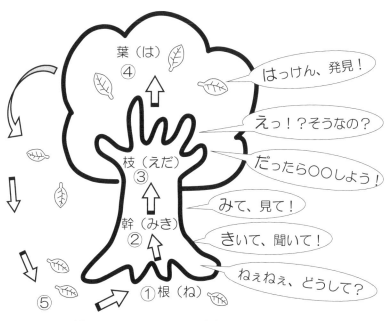

図1 gao-circle program 基本型　[筆者作成 1997]

表2 gao-circle program 援助者用　[筆者作成 2017]

	諦めない姿勢			援助者の対応　（☆：キーワード）
④	ひらめき 知識を深める	葉	は	人生の目標や解決などに対する自己決定に向けて、相談者自身が自己の強みを発見できるようにサポートをする　　☆（は）把握　背景のイメージ
③	再認識 納得	枝	え だ	自己の適性（強み）を認知し、解決法を模索できるようにサポートをする　☆（え）笑顔　栄養　詠嘆 ☆（だ）代替案　第一　第一歩　代弁
②	見聞による認識	幹	み き	話の内容から、相談者は何が分からないかが確認できるように導く　　☆（み）見定める　見極める ☆（き）聴く　起因　記憶
①	疑問・質問	根	ね	相談者が悩みや質問を抱え込まないように、自己開示できる環境を作り、解決に導けるよう接する ☆（ね）労い　熱意　粘り
⑤	土の栄養	土	つ ち	自己の知識が自信となるように、個人の才能、潜在的な能力を確認したのち、心身に格納→次の課題に対する対処法を置換　　☆（つ）追求　追跡　通観 ☆（ち）知恵・知識　置換　蓄積

を繰り返し経験を積むうち、相談者は援助なしでも解決していくことができるようになることが最終目標である。筆者はgao-circle programの基本図に沿って、年代や事象別にアレンジして対応している。

第3節 まとめ

1 心に触れる

　援助者が心地よいと感じる感覚と相談者が求める心地よさは違う。どのような状態が相談者にとって最善であるかを早期に発見できるとよい。さりげなく相談者の心に触れられるような援助者自身の方法を見つけることができれば、それは相談者と良好な関係を築くための援助者の強みになるであろう。

2 援助者への願い

　援助者は相談を受ける立場としての自覚を持ち、援助者自身の心を大切にしてほしい。心身ともに健康でいることで接する人々の心に寄り添えるといっても過言ではない。健康な状態を維持しながら多種多様な相談を受け入れ解決に導けるよう、専門家としての技を磨いてほしいと筆者は願っている。

【引用・参考文献】
保育福祉小六法編集委員会編著『保育福祉小六法2017年版』みらい、2017年
F・P・バイステック、尾崎新・福田俊子・原田和幸訳『ケースワークの原則[新訳改訂版]―援助関係を形成する技法―』誠信書房、2006年

（大賀　恵子）

◆執筆者紹介　（執筆順）

前川智恵子（まえがわ・ちえこ）……………………………………［第1章］
　　大阪医専専任教員（2018年4月より）

杉山喜美恵（すぎやま・きみえ）……………………………………［第2章］
　　東海学院大学短期大学部教授

矢野　　正（やの・ただし）…………………………………………［第3章］
　　名古屋経済大学大学院教授

大沢　　裕（おおさわ・ひろし）……………………………………［第4章］
　　松蔭大学教授

大倉眞壽美（おおくら・ますみ）……………………………………［第5章］
　　梅光学院大学非常勤講師

小尾麻希子（おび・まきこ）…………………………………………［第6章］
　　武庫川女子大学講師

中島朋紀（なかしま・とものり）……………………………………［第7章］
　　鎌倉女子大学短期大学部准教授

佐久間美智雄（さくま・みちお）……………………………………［第8章］
　　東北文教大学短期大学部准教授

小山貴博（こやま・たかひろ）………………………………………［第9章］
　　函館大谷短期大学助教

長谷秀揮（はせ・ひでき）……………………………………………［第10章］
　　四條畷学園短期大学准教授

加藤達雄（かとう・たつお）…………………………………………［第11章］
　　常磐会学園大学教授

大賀恵子（おおが・けいこ）…………………………………………［第12章］
　　岡山短期大学専任講師

現代保育内容研究シリーズ　1

現代保育論

2018年2月28日　初版第1刷発行
2019年9月20日　初版第2刷発行
2022年2月28日　初版第3刷発行

編　者　現代保育問題研究会
発行者　菊池公男

発行所　株式会社 一藝社
〒160-0014 東京都新宿区内藤町1-6
Tel. 03-5312-8890　Fax. 03-5312-8895
E-mail：info@ichigeisha.co.jp
HP：http://www.ichigeisha.co.jp
振替　東京 00180-5-350802
印刷・製本　モリモト印刷株式会社

©gendaihoikumondaikenkyuukai 2018 Printed in Japan
ISBN 978-4-86359-172-1 C3037
乱丁・落丁本はお取替えいたします。